타로 카드

한 권으로 끝내기

타로 카드
한 권으로 끝내기

초판 1쇄 발행 2016년 11월 28일
　　　10쇄 발행 2024년 10월 16일

© 아라우네

펴낸곳	모노폴리
펴낸이	강정미
편집장	배상연
기획편집	신동욱
디자인	책은우주다
등록번호	제2005-48호
등록날짜	2005년 8월 9일
주소	경기도 파주시 회동길 480 아트팩토리 B동 437호
전화	02)3272-6692
팩스	02)3272-6693
홈페이지	www.mpmusic.co.kr
ISBN	978-89-91952-27-0 (03100)
값	13,500원

초심자를 위한 최고의 타로 안내서

타로 카드

한 권으로 끝내기

전면
개정판

아라우네 지음

모노폴리

타로카드는 가장 불가사의한 상징체계이다.
생명나무, 점성학과 타로는 세 개의 각기 다른 시스템이 아니라
하나의 동일한 시스템의 세 가지 측면이며,
서로가 서로 없이는 이해하기 힘들다.

모든 점술 시스템 중에서 타로카드는 가장 만족도가 높다.

• **다이온 포춘**, 〈미스티컬 카발라〉의 저자

타로카드는 단순한 카드게임도,
점치는 도구도 아니다.
가장 위대한 신비를 상징으로 품고 있는 입문서이다.

• **프란츠 바르돈**, 〈헤르메스학 입문〉의 저자

저자 서문

타로카드와 나는 지금까지 강산이 두 번 넘게 바뀌도록 함께 해왔고, 앞으로도 끝까지 함께 할 것이다. 타로카드와 나의 인연은 어쩌면 전생의 약속으로 이어진 관계가 아닐까라는 생각이 든다.

타로카드를 더욱 잘 이해하고자 처음엔 상징공부를 시작하면서 점차 점성학, 카발라를 공부했고, 그 덕분에 타로카드에 대한 이해가 조금씩 깊어졌다.

처음엔 잘 맞히기 위해 열심히 공부했지만, 지금은 단 한 사람에게라도 희망을 심어줄 수 있게 하기 위해, 어둠에서 헤매고 있는 이들을 빛으로 이끌기 위해 더욱 열심히 공부하고 수행하고 있다.

이 공부는 참으로 끝이 없다. 항상 모자라고 항상 부끄럽다. 작년에는 진심으로 내가 타로카드를 가르칠 자격이 있는가에 대해 깊이 생각을 했다. 요즘에는 단기간에 타로카드를 마스터시켜준다는 강좌들이 늘어나고 있는 추세이고, 저렴한 수강료로 단기간에 배워서 바로 돈벌이 수단으로 써먹기를 바라는 사람들이 늘어가고 있다. 이런 상황 가운데서 나는 타로를 가르칠 자신이 점점 없어졌다.

'이 공부는 끝이 없다, 지름길이 없다, 빨리 가면 반드시 다시 돌아오게 된다……'

수업을 시작하면서 계속해서 하는 말들이다.

타로카드는 우주의 비밀이 담겨 있는 비전(秘傳)이다. 그 엄청난 비전을 마음이 급하다고 빨리 손에 넣으려 하면 일을 그르치고 만다. 그리고 얄팍한 키워드로 상대방의 인생을 좌지우지하려 했다가는 엄청난 카르마의 늪 속으로 빠지고 말 것이다.

'말'이란 것의 무서움도 점점 알게 되었다. 나의 말 한 마디로 다른 사람의 인생을 바꿀 수도 있다는 사실에 무거운 부담감이 생겼다. 실로 엄청난 일을 하고 있는 것이다. 한 사람의 인생을 놓고, 미래를 점치고 거기에 대한 조언을 한다. 그럼으로써 한 사람의 인생이 송두리째 바뀔 수 있다. 이 얼마나 굉장한 일인가?

두려워할 줄 알아야 한다. 그래서 더욱 열심히 자신을 가다듬고, 더욱 조심스럽게 리딩을 해야 한다. 스프레드 하나, 몇 천원에 말 몇 마디가 아니라, 나를 찾아온 한 사람의 몇 십 년의 인생에 대해 내가 무엇을 얼마나 도울 수 있고, 이끌어 줄 수 있는가를 먼저 생각해야 할 것이다.

2007년 7월에 〈타로카드 한 권으로 끝내기〉를 출간하고 벌써 9년이라는 세월이 흘렀다. 그동안의 경험과 공부한 내용들을 더해서 한층 더 업그레이드된 버전으로 책을 써야겠다고 생각한 지 몇 년이 흘렀다. 그리고 이렇게 기회가 왔다.

책의 전반적인 흐름은 크게 달라진 것은 없다. 하지만 세세한 내용들과 스프레드, 그리고 카드를 섞고 뽑는 방법 등은 많이 달라졌다. 어떤 카드들은 역방향의 의미가 완전히 바뀐 것들도 있다. 그리고 수비학과 함께 사명수가 더해져 더욱 풍성한 리딩을 할 수 있게 되었다.

이 책을 읽는 독자들이 부디 이 책으로 인해 타로카드를 조금 더 신중히 대하고, 상담을 더욱 깊이 있고 조심스럽게 해주길 바란다. 더불어 이 책에 나와 있는 상징들과 키워드들을 베이스로 자신만의 직관적인 리딩이 가능하도록 충분히 연습을 하길 바란다.

타로카드는 빛으로 가는 지름길을 알려주는 최고의 도구이다.

이 책을 내는 데 많은 격려와 도움을 주신 저의 스승 가즈미, 후지타 선생님께 진심으로 존경과 감사를 드립니다.

2016년 천칭자리 태양과 목성이 함께하고,
처녀자리 수성과 달이 함께하는 밤 하늘 아래에서
아라우네

| 목차 |

2부

| 메이저의 의미 |

3부

| 수트카드의 의미 |

| 코트카드의 의미 |

| 스프레드에 대해 |

| 부록 |

제 1 부

◆

타로카드와
리딩에
대하여

TAROT

★★★★★ 타로카드의 기원 ★★★★★

전 세계 많은 사람들이 타로카드의 기원에 대해 연구하고 있고, 많은 가설들과 이론들을 내세우고 있다. 하지만 기원이나 역사라는 것에는 항상 '왜곡'이라는 함정이 있다. 우리가 타임머신을 타고 그 시대로 가보지 않는 한, 어떤 가설이 맞는지 정확히 알 수는 없다.

타로카드가 고대로부터 유래했다는 정확한 증거는 없다. 그래서 실증적인 학자들은 타로카드가 르네상스 시대부터 유래했다고 주장하기도 한다. 그럼 지금부터 여러 가지 다양한 기원설들을 살펴보기로 하자.

타로카드의 기원에 대해서는 여러 가지 설들이 있다. 그 대표적인 설로는 이집트, 힌두 기원설이 있으며, 그 밖에도 모로코, 수피(이슬람의 신비주의자들), 카다르(그리스도교에서 파생되어 12~13세기 유럽에서 번창했던 종교), 유대교 신자들에게서 나왔다는 설 등이 있다.

이집트 기원설

1. 앙투안 쿠르 드 제블랭 Antoin Court de Gebelin

1781년에 발표한 그의 저서 〈원시세계Le Monde Primitif〉에서 오컬트의 상징들이 타로카드의 이미지에 오랫동안 쓰여 왔다고 말했다. 그는 이집트의 지혜의 신 토트Thoth에 의해 상징으로 쓰인 〈토트의 서The Book of Thoth〉는 고대 이집트의 잃어버린 마법의 지혜를 찾는 열쇠이며, 그 상징들이 타로카드의 이미지에 오랫동안 쓰여 왔다는 가설을 이론으로 정립하고자 노력했다.

2. 폴 크리스티앙 Paul Christian

19세기 프랑스 신비주의 학자였던 그는 4세기경 시리아 출신의 신플라톤주의 철학자인 이암블리코스Iamblichus가 쓴 글을 번역했는데, 그의 말을 인용하여 이집트 기원설을 주장했다.

그에 따르면 이집트의 한 신전에 비밀의 방이 있는데, 그 방에는 두 줄로 늘어선 11쌍의 큰 그림들이 있었다고 한다. 이 그림들은 마법사들이 제자들에게 우주의 지식을 직접 가르치기 위한 것들이었는데, 그 22점의 그림이 타로카드의 메이저 아르카나 22장의 모체라는 설이다.

그리고 그 그림이 있는 방으로 들어가기 위해서는 78칸으로 된 사다리를 타고 가야 했는데, 타로카드가 모두 78장으로 이루어진 것은 여기서 비롯된 것이라고 주장했다.

1799년 로제타석의 발견으로 고대 이집트인들의 상형문자가 해독되는 것이 가능해졌지만, 여전히 타로카드의 이집트 기원설은 확고했다. 제블랭이 처음으로 이집트 기원설을 발표했을 때만 해도 이집트 문자 해독이 대부분 불가능한 상태였다.

이집트 문자의 해독으로 이러한 믿음은 굳어지고 증폭되어 1857년에 로마니 사람들(이집트인의 후예라고 추정되는 집시)이 유랑하면서 카드를 유럽으로 전파했다는 설이 대두되기에 이르렀다.

3. 맘루크 왕조 Mameluke

13~16세기까지 이집트와 시리아 일대를 지배했던 맘루크 왕조에 의해 만들어진 카드가 타로카드의 기원이라는 설이다. 거의 완전한 형태의 맘루크 플레잉 카드가 1939년에 이스탄불에 있는 톱카프 궁전 Topkapi Sarayi 박물관에서 발견되었다.

이 카드는 13세기경에 만들어졌다고 하는데, 52장의 카드에 4개의 수트(소드, 폴로 스틱, 컵과 코인) 그리고 1부터 10까지의 숫자 카드와 코트카드가 포함되어 있다.

로제타석

힌두 기원설

1. 바바라 워커 Barbara Walker

작가인 그녀는 자신의 책 〈타로의 비밀 The Secrets of the Tarot〉에서 메이저 아르카나는 고대 힌두교 경전인 〈탄트라〉에서 나온 것이라는 새로운 주장을 폈다.

메이저 아르카나는 어머니 여신의 형상을 나타내는 것이라고 했으며, 그의 이름은 타라 Tara 이고 타로 Tarot 라는 이름은 이 여신의 이름에서 유래되었을 것이라고 주장했다.

힌두 여신인 타라는 21개의 형상을 갖고 있으며, 관세음보살이 흘린 자비의 첫 눈물에서 생겨난 자비의 여신이자, 관세음보살의 배우자이다.

타로에서 0~21번까지 이어지는 여정과 같이 타라 여신은 영적인 교화로 우리들을 이끌어 준다고 한다.

2. 힌두 카드

고대 인도에서 쓰이던 힌두카드가 전해져 내려와 오늘날의 타로카드가 되었다는 설이다. 과학적인 면에서 타로카드와 장기가 유사한 점이 많으며, 장기가 인도에서 발명되었다는 주장의 근거를 토대로 카드 또한 인도에서 발명되었다는 주장이다.

이것이 12세기경에 십자군에 의해 유럽으로 전해져 게임이나 점 보는 카드로 발전되었다고 한다.

그 밖의 기원설

12세기경의 모로코 시에 있던 마법사들의 전설이다. 세상이 근대로 넘어가면서 그 시대의 현자들은 고대의 가르침들이 후대로 이어지기 어렵다고 느꼈다. 그들의 지식은 점점 종교적인 탄압을 받았고, 결국엔 세상에서 사라지게 될 위기에 빠져 있었다.

그래서 그들은 타로카드를 만들어 글자가 없는 그림들로, 글과 문화를 초월하여 지식을 후세에 남기게 했다는 설이다.

★★★★★ 타로(Tarot)의 뜻과 유래 ★★★★★

타로^{Tarot}라는 이름의 유래에는 여러 가지 재미있는 설들이 있다. 1888년 맥그리거 매더스(골든던의 창립자 중 한 명)가 'Taro'의 철자 변환에 대해 몇 가지 예를 들었다. Tora, Troa, Rota, Orat, Taur/Taor, Ator/Athor가 그것들이다. 하지만 그 중에서 무엇이 옳고 아닌지 아직 증명된 것은 없다.

이집트 문자 유래설

타로는 이집트 문자인 'tar(길)'와 'ro, ros(장엄한, 왕족)'에서 나온 말로서 '왕족(장엄한)의 길^{Tarosh}'이라는 뜻이라는 설.

이집트의 달과 지혜의 신인 토트^{Thoth}의 이름에서 유래되었다는 설.

이집트의 사랑, 결혼, 기쁨의 여신인 하토르^{Hathor}에서 유래되었다는 설. 이 여신은 머리에 두 개의 뿔 사이에 원반 모양의 태양을 달고 있는 형상이나 암소의 머리를 한 형상으로 묘사된다.

라틴어 유래설

라틴어인 'rota(바퀴, 순환)'에서 유래되었다는 설과 'orat(말하다)'에서 유래되었다는 설이 있고, 라틴어 유래설은 아니지만 이탈리아 북부에 있는 'Taro'라는 강의 이름에서 유래되었다는 설도 있다.

힌두어 설

힌두어로 '카드'라는 의미를 가진 'taru'에서 유래되었다는 설.

히브리어 설

히브리어로 '법률'이라는 의미를 가진 'Tora'에서 유래되었다는 설.

히브리어로 '입구, 관문'이라는 의미를 가진 'Troa'에서 유래되었다는 설.

기타

'Tares'라는 옛 카드 용어에서 유래되었다는 설.

카드의 뒷면이라는 뜻을 가진 'Tarotee'라는 단어에서 유래되었다는 설.

★★★★ 타로카드의 역사 ★★★★

가장 오래된 타로카드

중세 유럽에서 타로카드는 점 보는 도구가 아닌 게임의 용도로 더 많이 쓰였다고 짐작된다. 연대는 명확하지 않지만, 타로카드가 유럽에 전해진 것은 11~13세기경이라고 추정되는데, 13세기경에 이미 카드를 이용한 게임이 행해졌다는 증거가 있다.

14세기에 쓰인 10개의 카드 게임에 대한 자료가 현존해 있는데 그 중 가장 오래된 것은 1367년 스위스의 수도 베른에서 쓰인 것으로, 기회와 돈을 목적으로 하는 카드 게임을 금지한다는 문서이다. 타로카드가 존재했다는 최초의 문헌은 15세기 이탈리아로 거슬러 올라가 찾아볼 수 있다. 1329년 독일에서 사용된 타로카드에 대한 기록들이 있다는 주장도 있지만 확실한 증거는 없다.

지금까지 발견된 타로카드 중 가장 오래된 것은 1392년 프랑스 샤를 6세의 발작 증세를 완화하기 위해 그링고뉘르Gringgonneur라는 화가가 그린 것으로 파리 국립도서관에 보관되어 있고, 현재 17장만 남아 있다.

15세기 이탈리아의 문화 부흥기에 최고의 가문이었던 비스콘티Visconti와 스포르차Sforza와의 혼인 또는 그들의 작위 수여식의 기념으로 만들어진 카드가 비스콘티-스포르차 덱이다. 여러 종류가 있으며 굉장히 정교하고 아름다운 카드이고, 카드 배경에는 손으로 직접 금박을 넣어 그 당시 이들 가문의 세력과 재력을 짐작할 수 있다.

그링고뉘르 카드

비스콘티-스포르차 덱

마르세이유 카드의 탄생

1494년에 이탈리아의 문화를 호시탐탐 노리던 프랑스는 이탈리아 침략에 성공한다. 그러면서 이탈리아의 타로카드가 프랑스 남부의 마르세이유로 유입되기 시작했다.

중세에는 카드를 손으로 그렸기 때문에 값이 비쌌고, 귀족들의 주문으로만 생산하는 귀족들만의 전유물이었다. 그러나 15~16세기에 목판 인쇄로 대량생산이 가능해지면서 활성화되어 유럽에서 서민들에게까지 성행하게 되었으며 관련 서적들도 많이 발행되었다.

18세기에는 타로카드가 프랑스에서 이탈리아로 역수출되는 웃지 못 할 해프닝이 일어나기도 했다.

한 세기가 지나 다시 등장할 때까지 타로카드는 점보기나 예언을 목적으로 한 카드가 아니었다. 그 이후 17세기에 프랑스의 마르세이유의 카드 제작자들이 카드를 표준화하기 시작했다.

마르세이유 카드

이처럼 체계화되기 전에는 어떤 카드를 넣고 또 어떤 카드를 뺄지를 카드를 사용하는 사람 마음대로 결정했다고 한다.

특정 카드를 예를 들어 13번 '죽음', 15번 '악마', 16번 '탑'과 같은 카드들은 보수적인 귀족들에 의해 터부시되었다. 이러한 이미지들 때문에 종교 지도자들에 의해 카드가 금지되기도 했다.

1460년경에 이탈리아의 프란체스코 수도회의 수도사는 한 설교에서 카드가 악마에 의해 발명되고 이름 지어졌으며, 카드를 사용하는 것은 악마의 승리를 보장하는 것이라고 비난했다. 이렇듯 기독교는 타로카드를 불법화하고, 타로카드를 사용하는 사람을 이단자로 몰았다. 수차례에 걸쳐 금지령을 내렸고 공식적으로 불태우는 사건까지 있었다.

타로카드의 본격적인 진화

타로카드는 18세기에 이르러서야 신비주의 학자들과 이교도들의 관심의 대상이 되었으며, 이 시점에서 눈에 띄게 진화하기 시작했다. 이러한 변화로 19세기에는 카드를 만드는 비밀스러운 단체들에 의해 타로카드가 소개되기 시작했으며, 신비주의 철학에서 필수적인 부분이 되었고 엄청난 흥미를 불러 일으켰다.

이때부터 타로카드는 모든 신비주의 시스템이나 종교적인 것들과 연결 지어지기 시작했다.

1781년 타로카드와 히브리 문자와의 관련성을 처음으로 주장한 사람은 프리메이슨이었던 앙트안 쿠르 드 제블랭Antoin Court de

Gebelin이었고, 타로카드에 사람들의 호기심을 불러 일으키는 데 큰 영향을 끼쳤다.

1856년 후반 엘리파스 레비Eliphas Levi가 타로카드와 카발라의 상호관계에 대해 발표함으로써 많은 신비주의 단체들이 타로카드를 신비주의의 모든 의미를 담고 있는 상징이라고 생각하기 시작했다.

그의 뒤를 이어 장 밥티스트 알리에트Jean-Baptiste Alliette는 이름을 거꾸로 배열하고 에틸라Etteilla라는 신비로운 이름으로 개명하고 레비의 연구를 더욱 깊이 연구했다. 역방향 해석이라는 획기적인 이론을 최초로 소개한 장본인이기도 하다.

에틸라의 성공에 이어 장미십자회, 골든던, 빛의 교회, 그리고 B.O.T.A. 등의 단체들이 19세기와 20세기에 걸쳐 타로카드의 위치를 확립시켰으며 전 세계적으로 1960년 심령학의 붐과 함께 인기를 얻게 되었다.

20세기, 웨이트 타로카드의 부흥

20세기에 이르러 아서 에드워드 웨이트가 타로카드의 부흥기를 열었다. 신비주의 집단인 골든던의 핵심 멤버였던 그는 1909년 파멜라 콜먼 스미스를 위촉하여 라이더 웨이트 타로카드를 만들었다.

라이더 웨이트 타로는 현대 타로의 근본이자 기준이 되었고, 가장 신뢰할 만한 타로카드의 표준으로 받아들여졌다. 라이더 웨이트 타로의 심볼들은 오컬트의 영향을 많이 받았다.

이 카드는 타로를 처음 대하는 사람일지라도 각각의 뉘앙스와 상징적 기호들을 통해 그 의미를 쉽게 느끼고 설명할 수 있도록 고안되었다. 이러한 경향은 라이더 웨이트 타로가 나온 후로 대부분 카드에서 계속 이어지고 있다. 파멜라 콜먼 스미스의 영향은 계속 주목되고 있으며 많은 이미지들이 그녀의 영향을 받았음을 밝히고 있다.

현재의 타로는 종교적인 것, 문화적인 것 그리고 철학적인 것 등 뚜렷한 개성을 가지고 있다. 사실 그 어디에도 타로의 결정판은 없다. 문자 그대로 수천 가지의 해석이 있고 다양하게 쓰인 만큼 받아들이는 방법도 수없이 많다.

하지만 학식 깊은 오컬티스트가 만든 타로카드와 일반인이 만든 타로카드와는 분명 큰 차이가 있다.

★★★★★ 타로 역사 속 주요 인물들 ★★★★★

르네상스 시대(14~16세기)의 교회는 타로카드의 이교도적인 이미지들을 악마적인 것으로 여겼고, 이러한 것들과 연관된 연구를 강하게 탄압했다. 이러한 시대적 배경으로 인해 타로카드는 금지되었고, 대중 앞에서 불에 태워지는 수모를 겪기도 했다.

그 후 18세기에 이르러 몇몇 신비주의자들에 의해 그 이미지들과 상징들이 연구되었고, 19세기에 와서는 타로카드가 '오컬트 덱'으로 전환하는 중요한 전기를 맞는다.

이것을 계기로 타로카드는 부흥과 정립의 시기를 맞이하게 되는데, 여기서 가장 먼저 큰 영향을 끼친 사람은 앙투안 쿠르 드 제블랭이었다.

앙트안 쿠르 드 제블랭 Atoin Court de Gebelin, 1719/1728~1784

1781년에 자신의 저서 〈원시세계 Le Mode Primitif〉에서 타로카드는 오컬트 학문과 미래를 예측하는 데 오랫동안 사용되었으며, 메이저 아르카나는 이집트 〈토트의 서 Book of Thoth〉로 구성되어 있다고 발표했다. 또한 타로카드와 히브리 문자의 연관성을 처음으로 제기하였다.

그는 타로의 기원이 이집트라 믿었다. 그래서 타로카드가 토트 Thoth에 의해 쓰인 마법의 지혜를 담은 책의 열쇠라고 명확하게 이론화했다. 이러한 이론은 오컬트 집단의

관심을 끌어 점점 퍼지기 시작했고, 이 시점부터 타로카드는 눈에 띄게 진화하기 시작했다.

오늘날 거의 모든 타로카드의 해석은 제블랭의 연구와 이 시대의 오컬트 집단이 정립한 신비주의적 의미에 기반을 두고 있다.

에틸라 Etteilla, 1738~1791

제블랭의 뒤를 이어 타로카드의 대중화를 이끈 사람은 에틸라였다. 그는 헤어 디자이너와 대수학을 가르치는 일을 하고 있었는데, 제블랭의 책을 읽고 난 후부터 그의 신봉자가 되었고, 오컬트에 빠졌다.

그의 본명은 장 밥티스트 알리에트 Jean Baptiste Alliette 였는데, 필명으로 자신의 이름 스펠링을 거꾸로 한 '에틸라'를 사용했다.

에틸라는 1783년과 1785년에 자신이 직접 그린 몇 개의 타로 그림을 실은 책을 발행했다. 1787년 제블랭이 세상을 떠난

21

후, 그의 연구를 다시 세세하게 연구하여 설명하였다. 그는 또한 최초로 타로카드에 '역방향 해석'이라는 획기적인 개념을 접목시켰고, 타로카드와 점성학, 마이너 아르카나와 4원소를 대응시키기도 했다.

그는 타로카드와 점성학으로 개인상담을 하여 많은 돈을 벌었고, 그를 따르는 신봉자들도 많았다. 그로 인해 타로카드는 큰 인기를 얻었으며, 그는 미래 예측을 위한 도구로 타로카드를 대중화한 첫 번째 사람이 되었다.

마담 르노르망 _{Madam Lenormand, 1772~1843}

마담 르노르망 Madam Lenormand, 1772~1843

19세기 초 프랑스에서 타로카드가 선풍적인 인기를 얻게 되어, 르노르망 부인을 비롯하여 여러 유명한 점술가들이 활약하게 되었다.

그 중에서 르노르망 부인은 프랑스 고위계층으로부터 특별한 총애를 받았다. 1772년 프랑스에서 태어난 르노르망 부인은 카드 점으로 매우 유명해졌으며, 나폴레옹과 루이 18세를 비롯하여 러시아 황제였던 알렉산더 대왕의 점을 보았다고 한다. 특히 나폴레옹의 부인이었던 조세핀과는 막역한 사이었다고 하지만 역사적인 증거 자료는 없다.

그녀는 타로카드 대신 32장과 36장으로 된 '대 르노르망'과 '소 르노르망'이라 불리는 2종류의 미래를 예측하는 카드를 고안해냈고, 현재 이 카드는 〈미래 예언의 마드모아젤 르노르망 Mlle. Lenormand Fortune telling plying cards〉라는 이름으로 다시 제작되어 사용되고 있다 우리나라에서는 미국식 발음인 '레노먼드' 카드로 판매되고 있다.

엘리파스 레비 _{Eliphas Levi, 1810~1875}

엘리파스 레비 Eliphas Levi, 1810~1875

그의 본명은 알퐁스 루이 콩스탕 Alphonse Louis Contant 이었는데 카발라에 심취해서 본격적으로 공부하기로 마음먹은 뒤, 자신의 이름을 히브리 이름인 엘리파스 레비로 바꾸었다.

그는 1856년에 출판한 〈초월마법의 교리와 의식 Le Dogma et Rituel de la Haute Magie〉에서 22장의 메이저 아르카나와 22개의 히브리 문자를 연결시켰으며, 4개의 수트와 ㄱ ㅣ ㅏ ' (테트라그람마톤)과 연관이 있다고 주장하여 제블랭의 가설을 더욱 정

립시키고 확립시켰다. 그리고 에이스 Ace~10까지 타로카드와 수비학을 연결시켜 체계화시키기도 했다

레비의 이러한 주장은 타로카드가 이스라엘에서 유래되었고, 카발라의 생명나무의 지혜를 담고 있다는 새로운 믿음에 불을 질렀으며, 타로카드의 상징에 대한 연구는 더욱 활기를 더해갔다.

맥그리거 매더스MacGregor Mathers, 1854~1918

1888년 골든던의 창립자이며, 이 단체의 기초적인 체제를 확립한 뛰어난 마법사였던 매더스는 타로카드에 담긴 오컬트 상징의 체계를 잡는 데 가장 큰 역할을 한 사람이다. 그는 22개의 히브리 알파벳과 22장의 메이저 아르카나의 대응을 확실하게 체계화시켰고, 코트 카드와 카발라의 4개의 세계(아젤루트, 브리아, 예치라, 앗시아)를 연결

시키기도 했다. 매더스는 천재적이고 뛰어난 실력으로 타로의 오컬트 상징 체계에 큰 업적을 세웠지만, 그의 심한 변덕과 오만한 행동으로 골든던 분열이 시작되는 계기를 만들기도 했다.

아서 에드워드 웨이트Arthur Edward Waite, 1857~1942

웨이트는 젊은 시절에 엘리파스 레비의 글을 통해 배움을 얻었고, 나중에 골든던에 가입해 오컬트에 대한 지식을 늘려갔다. 그는 1909년에 같은 골든던 회원이며 미술가인 파멜라 콜먼 스미스와 함께 〈라이더 웨이트 덱〉을 만들었고 〈타로의 상징 열쇠 The Pictorial Key to the Tarot〉라는 책도 이듬해 출판했다.

웨이트는 제블랭의 연구를 시작으로 계속해서 이어진 오컬트와 타로카드 사이의

연관성에 대한 모든 결과를 체계화시켰다.

라이더 웨이트 덱은 20세기 초까지 오컬트 학자들에 의해 연구되어 온 타로카드의 상징에 대한 연구를 집대성한 타로카드이다. 현재까지 가장 널리 쓰이고 있으며, 수천 종류의 타로카드들이 라이더 웨이트 덱을 기본으로 해서 만들어지고 있다.

파멜라 콜먼 스미스 Pamela Colman Smith, 1878∼1951

영국에서 태어난 그녀는 미국의 명문가 출신인 부모 밑에서 자랐다. 아버지는 예술과 수집에 관심이 많은 집안의 아들이었고, 어머니는 유명한 화가들을 배출한 예술과 신비주의 집안 사람이었다.

그녀는 맨체스터에서 10년을 살았는데, 이때 이곳의 급진적 사상들이 그녀의 창작

에 상당한 영향을 주었을 것이라 여겨진다. 웨이트가 창안하고 파멜라 스미스가 그린 라이더 웨이트 덱은 마이너 카드에 인물과 장면을 삽입함으로써 그 의미와 중요성을 부각시킨 획기적인 덱이다.

비록 그녀의 이름 대신해서 'Rider'라는 출판사의 이름이 들어가긴 했지만, 그녀가 타로카드의 역사에 큰 공헌을 한 위대한 인물임은 틀림없으며, 그녀를 그리는 뜻에서 2009년에 'Smith-Waite Centennial Tarot Deck'이라는 이름으로 라이더 웨이트 덱 100주년 기념 카드가 발행되었다.

★★★★ 타로카드의 구성 ★★★★

타로카드는 22장의 '메이저 아르카나'와 56장의 '마이너 아르카나'로 이루어져 총 78장으로 구성되어 있다. 아르카나^{Arcana}란 라틴어로 '비밀'을 뜻하는 'Arcanum'의 복수형이다.

메이저 아르카나

메이저 아르카나는 0부터 21까지 로마 숫자와 각각의 이름이 쓰인 22장으로 구성된 타로의 으뜸 패이자 열쇠이다. 그 상징과 이미지들은 우리 인생의 주요한 일들과 흐름, 그리고 우주의 법칙 등을 나타낸다.

더 나아가서는 인생을 통해 우리가 얻을 수 있는 현실적인 단계와 경험들, 그리고 우리 인생에서 영적으로 추구하는 것들과 가야 할 길 등을 담고 있다.

메이저 아르카나는 '트럼프^{Trump}'라고도 불리는데, 오늘날 놀이용 카드 패를 뜻하는 트럼프는 이탈리아어인 '트리온프^{Trionf}'에서 유래된 말이며, 영어의 '트라이엄프^{Triumph}(승리, 정복)'라는 단어와 연관이 있다.

타로카드에 히브리어를 처음으로 연관시킨 사람은 엘리파스 레비^{Eliphas Levi}였다. 그는 생명나무와 메이저 아르카나, 마이너 아르카나의 연관성을 발표하기도 했는데, 20세기에 들어와서 아서 에드워드 웨이트는 그의 영향을 받아 고대 유대교의 비전인 카발라와 타로 사이의 많은 연관성을

연구하였다.

그는 11번 '정의'가 히브리 문자의 12번째 글자인 ל^{Lamed}와 조화를 이룬다고 생각했기 때문에 8번과 11번 카드의 순서를 바꿔 놓았다. 0번인 '바보'에 히브리 문자의 첫 번째 글자인 א^{Aleph}를 조화시키면 '정의'는 11번째에 놓이게 되며 8번인 '힘'은 9번째 글자인 ט^{Teth}와 배열된다.

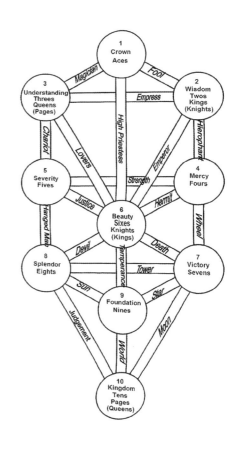

18세기에 프랑스에서 만들어진 마르세이유 타로카드는 메이저 아르카나 8번이 '정의', 11번이 '힘'로 되어 있었지만, 웨이트는 그가 만든 '라이더 웨이트 타로 덱'에서는 8번과 11번을 서로 바꾸어 놓았다.

요즘 나오는 카드들 중 마르세이유 계열과 웨이트 계열의 카드를 구별하려면 메이저 아르카나의 8번과 11번이 어떤 카드인지를 보면 된다.

마이너 아르카나

마이너 아르카나는 총 56장으로, 완드Wand, 컵Cup, 소드Sword와 펜타클Pentacle의 4개의 수트로 나누어진다. 각 수트는 에이스Ace부터 10까지의 핍 카드Pip Card와 킹King, 퀸Queen, 나이트Knight와 페이지Page로 이루어진 코트 카드Court Card로 구성되어 있다.

마이너 아르카나는 좀더 자세한 일상생활의 내용들과 상황 등을 나타낸다. 에이스부터 10까지의 마이너 아르카나는 각각 생명나무의 10개의 세피로트와 연관이 있고, 4개의 수트와 4개의 코트카드는 각 세피로트에 존재하는 4개의 레벨과 연결되어 있다.

각 수트는 4원소(불·물·공기·흙)와 4방향(동·서·남·북)과 연관이 있다. 중세 사회에서 완드는 농사짓는 농민을, 컵은 성배와 관련 있는 성직자를, 소드는 귀족을 나타내며, 펜타클은 돈과 관련 있는 상인을 상징했는데, 이는 르네상스 시대의 사회 계급을 나타낸다.

엘리파스 레비는 4개의 수트를 신의 위대한 이름인 'YHVH(יהוה)'와 연관 지었다. Y-완드-불, H-컵-물, V-소드-공기, H-펜타클-흙이 된다.

각 나라의 전통적인 수트를 보면 스페인은 Batons, Chalice, Sword와 Coin이며, 이탈리아는 Stave, Cup, Sword와 Coin이며, 프랑스는 Club, Heart, Spade와 Diamond였다.

이것은 현재 트럼프와 같은 이름으로, 하트는 성배의 변형이고, 다이아몬드는 화폐의 변형이며, 클럽은 곤봉을 뜻하는데 클로버의 잎을 사용하고 있다. 옛날 카드를 보면 곤봉에 클로버처럼 세 잎이 붙어 있다. 이것이 클로버 문양처럼 변형되어 곤봉 대신 사용된 것이다. 스페이드는 검의 변형인데 이탈리아어의 '검'을 뜻하는 '스파다Spada'에서 유래되었다.

15세기에 아라비아 혹은 로마 숫자가 마이너 아르카나에 쓰이기 전까지는 마이너 카드에 숫자가 없어 알아보기가 힘들었다. 숫자가 들어간 후에도 수트의 상징들로만 이루어져 있어 각 수트들을 구별하기 힘들었을 뿐만 아니라 카드만으로 의미를 파악하기가 어려웠다.

15세기 말엽에 나온 솔라-부스카 타로Sola-Busca Tarot 덱에서 최초로 마이너 카드에 수트

이외에 인물이나 장면을 등장시키는 새로운 시도를 하였다.

골든던Golden Dawn 소속이었던 아서 에드워드 웨이트와 파멜라 콜먼 스미스는 1909년 라이더 웨이트 덱을 만들면서 더욱 정확하고 상징적인 인물과 장면을 넣는 획기적인 시도를 하였다.

아서 에드워드 웨이트는 같은 골든던 소속으로 토트 타로를 만든 알레스터 크롤리와 맥그리더 매더스 등과 함께 근대 타로카드의 상징성과 의미 확립에 지대한 영향을 미쳤다.

이렇게 근대 덱의 기초가 잡혔으며 그로 인해 전 세계적으로 라이더 웨이트 덱을 바탕으로 한 수천 종류의 타로카드들이 나오고 있다.

★★★★★ 타로카드란? ★★★★★

타로카드는 자신과 타인의 삶의 성장을 돕는 도구이다

우리는 모두 자신의 내면 깊은 곳에 진실에 대한 순수한 의식을 감추고 있다. 그 의식은 우리에게 올바른 선택과 길을 알려주는 존재이며, 알아주기를(우리와 항상 연결되기를) 간절히 바라는 우리 각자 안에 존재하는 고차원의 자신과 나를 이끌어 주는 가이드로부터의 음성이다.

타로카드는 우리가 자신의 내면에서 올라오는 그 목소리에 귀를 기울이고, 그 메시지를 받아들일 수 있도록 도와주는 도구이다.

우리는 바쁜 일상생활 속에서 이 내면의 목소리를 듣기 어렵게 되거나, 혹은 들었다 하더라도 가볍게 흘려듣기 쉬운데, 바로 이때 타로가 필요한 것이다.

자신의 직관을 끌어내어 타로를 본다면 우리의 삶은 보다 더 충만한 빛의 길로 인도받을 것이다. 더 나아가서는 타인의 삶까지도 빛으로 충만할 수 있도록 도울 수 있을 것이다.

이 도구를 어떻게 사용할 것인가?

타로카드로 모든 것을 볼 수 있다. 오늘 하루의 운을 볼 수도 있고, 한 해의 운을 볼 수도 있다. 자신의 타로를 직접 볼 수도 있

으며, 타로를 이용해 도움을 요청해오는 주변인들의 질문에 답을 줄 수도 있다.

자신의 문제를 가지고 직접 볼 때는 상관없지만, 타인의 질문에 리딩을 해주는 경우에는 몇 가지 조건이 따른다. 왜냐하면 결정 도는 그 사람의 몫일뿐더러 결과에 대한 책임도 그 사람이 져야 하는 문제이므로, 절대로 우리가 함부로 이야기해서는 안 되기 때문이다.

특히 건강과 죽음에 대한 질문에는 절대 리딩하지 않는다. 건강에 대한 회복 정도를 묻는 질문은 괜찮겠지만 질병의 유무를 묻는 질문은 타로카드로 물어볼 게 아니라 병원에 가서 진단을 받는 것이 현명한 선택일 것이다. 그리고 죽음에 대해서는 더더욱 우리가 침범하지 말아야 할 부분이다.

도박이나 복권과 같은 것들도 포함된다. 타로를 다루는 사람은 항상 상대를 올바른 빛의 길로 인도해야 하는 책임과 양심을 가져야 한다.

타로카드를 이용하여 욕심을 채우려 하거나, 어떤 대상에게 부정적인 영향을 주려 한다면, 그에 합당한 대가를 치르게 될 것이다.

★★★★★ 타로카드를 리딩하기 전에 ★★★★★

장소

우선 산만하지 않고 조용한 장소를 선택한다. 시끄럽거나 사람들이 많으면 자연히 주위가 분산되어 집중하기 어려워지기 마련이다. 타로 리딩을 하기 위해서는 집중할 수 있는 조용한 장소가 최적의 장소이다.

마음가짐

타로 리딩에 있어서 가장 중요한 것은 바로 마음가짐이다. 우선 무엇보다 상담가 자신이 타로 리딩에 대한 신뢰가 있어야 하며, 어떤 경우에도 흔들리거나 당황하지 않는 의연함을 갖춰야 한다.

상담가가 누가 와서 어떤 질문을 하더라도 침착하고 의연하게 대처할 수 있는 준비가 되어 있어야 내담자가 믿음을 갖고 진실하게 질문을 던질 수 있다. 상담가가 준비되어 있지 않으면 내담자가 먼저 알아본다.

내담자들은 항상 인생의 중요한 기로에 서 있을 때 상담가를 찾는다. 그러한 간절함과 때로는 절박하기까지 한 그들의 사연에 열린 마음으로 따뜻하게 공감하며 귀 기울여야 한다. 상담을 할 때에는 처음부터 상담이 완전히 끝날 때까지 오직 내 앞에 앉은 내담자를 위해서 집중하고 함께 느끼고 공감해야 한다.

상담이 진행되는 동안에 상담가와 내담자 사이에 에너지의 흐름이 활발해진다. 그 흐름이 단절되지 않도록 상담을 리드해나가야 할 것이다.

준비

준비물 : 타로카드, 스프레드 천, 타로카드의 정화를 돕고 직관력을 높일 수 있는 크리스탈(정화용 크리스탈은 백수정, 자수정, 시트린 등이 가장 무난하다).

1. 테이블에 스프레드 천을 깔고 그 위에 타로카드를 놓고 카드 위에 크리스탈을 놓는다.
2. 눈을 감고 심호흡을 두세 번 한 후, 마음을 가라앉히고 상담을 시작한다(자신만의 호흡법이나 명상법이 있으면 해도 좋다).
3. 상담가는 내담자가 알고 싶어 하는 내용을 들으면서 정확히 무엇을 알고자 하는지 생각하고 정리한다.
4. 내담자에게 정리된 생각을 설명하고, 질문을 정리해서 동의를 받으면 리딩에 들어간다.

질문

1. 질문을 정리해서 동의 구하기

내담자는 자신의 문제와 상황에 둘러싸여 객관적인 판단이 어려운 상황에 처해 있는 경우가 많다. 그리고 심한 경우에는 무엇이 문제이고, 무엇을 어떻게 해야 할지 몰라 헤매는 경우도 있다. 이럴 때 상담가가 내담자의 상황 이야기를 듣고, 정리해서 하나하나 설명하면서 질문을 유도해야 한다.

2. 질문 나누기

타로 리딩을 위한 질문을 할 때는 하나의 긴 질문을 하는 것보다는 간단명료한 질문 몇 개로 나눠서 하는 것이 좋다. 질문이 명료해야 리딩도 명료하게 할 수 있다.

3. 폭넓은 질문에서 세세한 질문으로 좁혀가기

처음에는 넓은 문제부터 시작해서 세세한 문제로 좁혀 들어가는 것이 가장 좋다. 문제의 상황과 분위기를 파악하고, 세부적인 문제들로 들어가면서 상황을 정리해야 한다. 그러기 위해서는 내담자가 처한 상황이나 등장인물의 캐릭터 등을 알고 있어야 한다.

4. 질문은 한 번에 하나씩

만약 78장에서 하나의 질문을 하면서 한 장을 뽑고 다시 섞지 않은 상태에서 다음 질문에 대한 카드를 또 다시 뽑는다면 두 번째 질문에서는 뽑은 카드가 78분의 1의 확률이 아니게 된다. 그리고 더욱 중요한 것은 카드를 섞으면서 질문에 에너지를 집중해야 하는데, 한 번 섞고 여러 가지 질문에 대한 카드를 뽑는다는 것은 적중률을 떨어트리는 좋지 않은 방법이다.

5. 같은 질문을 연속적으로 하지 않는다

간혹 질문에 대한 카드 결과가 좋지 않게 나오는 경우, 내담자가 같은 질문을 가지고 계속해서 리딩을 요구하는 경우가 있다. 하지만 그럴 경우 리딩의 적중률이 현저하게 떨어진다. 그 이유는 두 번째 같은 질문부터는 질문자의 사적인 바람이 들어가기 때문에 적중률이 떨어지는 것이다. 차라리 해결 방법이나 다른 연관된 질문을 하는 것이 좋다.

★★★★★ 리딩이란 무엇인가? ★★★★★

리딩이란 마음의 소리를 듣는 일

타로카드를 리딩한다는 것은 고요히 귀 기울여 마음의 소리를 듣는 일이다. 마음의 소리는 직관이라 할 수 있는데, 이것은 우리를 빛의 길로 인도해주는 고차원 존재들의 목소리를 듣는 일이기도 하다.

타로카드의 상징을 공부하고, 키워드를 아는 것도 무시할 수는 없지만, 그것을 이용하여 질문에 맞는 하나의 이야기를 만들어 나가는 것, 그리고 최종적으로 내담자가 올바른 선택을 할 수 있도록 이끌어 줄 수 있어야 한다. 이것이 바로 타로카드를 리딩하는 사람으로서의 자질이기도 하다.

사람은 하나의 작은 우주이다. 그러므로 우주와 사람은 떼어 놓을 수 없는 관계에 있다. 사람과 사람 또한 그러하다. 우주의 행성들의 관계를 관찰하고 그것을 통해 우리의 미래를 예측하는 점성학이 그 좋은 예다.

우리가 받아온 교육은 과학적으로 증명되기 어려운 것들은 터부시해 왔다. 물론 그러한 교육들이 세상을 살아가는 데 유용할 수는 있지만, 정작 깊고 깊은 우주적인 원리로부터 우리를 격리시키는 것 또한 사실이다.

그러므로 우리는 타로카드를 통해 우리에게 멀어졌던 고차원 존재들의 메시지를 받아들여, 마음을 열고 자신과 더 많은 사람들의 성장을 위한 진정한 리딩을 해야 할 것이다.

직관적 리딩이 중요하다

타로카드는 우리의 직관을 이용하여 빛으로 가는 길을 안내하고, 성장을 돕는 도구이다. 그런 높은 차원에서 내려오는 메시지는 우리의 직관으로만 직접적으로 연결될 수 있다.

의식의 성장이 이루어지지 않은 상태에서 타로에 대한 이론적인 공부에만 치중한다면 오히려 직관이 약해질 수도 있다. 하지만 카드마다 갖고 있는 기본적인 의미는 완전히 '이해'해야 한다.

타로카드는 키워드를 외우는 것이 아니라, 한 장 한 장의 의미를 충분히 이해하고 느낄 수 있어야 한다. 외우는 것에는 한계가 있을뿐더러 외워서 하는 리딩은 수박 겉핥기식의 흉내 내는 리딩밖에 될 수 없다.

이 책에는 나의 경험과 노하우를 통해 나온 키워드들이 들어 있다. 그 키워드들을 외운다면 당신은 자신만의 직관적인 리딩이 아닌 흉내 내기 식의 리딩을 하게 되는 것이다.

리딩은 옳고 그름을 따지는 것이 아니다. 기본적으로 자신 또는 상대방이 올바른 선택을 할 수 있도록, 그리고 빛의 길로 갈 수 있도록 인도해 줄 수 있어야 한다. 그 메시지는 앞서 이야기한 대로 초월적인 존재들에게서 나오며 우리는 그것을 타로카드의 그림을 통한 직관으로 받게 된다.

이 책에 쓰인 한 장 한 장의 키워드를 바탕으로 그림에 대한 설명과 상징에 대한 글을 읽고 카드 한 장 한 장을 직접 느껴보고 자신만의 느낌을 몸에 각인시켜보라.

그렇게 한다면 당신은 상대방에 따라, 질문에 따라 타로를 이용한 정확한 직관을 받을 수 있을 것이다.

생각과 말도 에너지로 작용한다

'말이 씨가 된다'라는 옛 말이 있듯이 같은 말을 계속해서 반복하면, 어느 순간 일이 그렇게 흘러가고 있음을 발견하게 된다. 생각 또한 마찬가지다.

생각, 즉 믿음이 말이 되고, 말이 행동이 되고, 행동이 결국 눈에 보이는 결과를 창출하듯이 이 믿음을 가지고 또 그 믿음이 실려 있는 말을 함으로써 우리는 각자의 미래를 창조해 나가고 있는 것이다.

특히 생각과 마음이 정리가 되지 않아, 결정을 내릴 수 없는 상태이고, 많이 허약해져 있어 기댈 곳이 필요한 사람들에게는 우리의 말 한 마디가 굉장히 큰 영향을 미칠 수 있다. 만약 이런 상황에 처해 있는 사람들에게 부정적인 이야기를 한다면 그들은 그 말에 계속해서 신경을 쓰면서 자신도 모르는 사이에 에너지를 불어 넣을

것이다. 결국 그 말은 에너지가 한데 모여 눈덩이처럼 불어나 눈에 보이는 부정적인 결과로 더 빨리, 더 좋지 않게 나타날 수도 있는 것이다.

미래 예측을 정확하게 하는 것도 중요하지만 가장 중요한 것은 타로카드로 올바른 선택과 방법을 찾아가는 길을 알려주는 것임을 잊지 말아야 한다.

공명현상에 속지 말자!

질문자와 동화되는 것은 중요한 일이다. 하지만 여기서 한 가지 조심해야 할 사항이 있는데, 바로 공명현상이다.

여기서 말하는 공명이란 내담자의 상태나 느낌을 그대로 똑같이 느끼는 것을 말한다. 처음에는 그것이 상대방의 것인지 모르지만 나중에는 구별이 가능해진다.

하지만 그러한 느낌들이 그냥 자기 몸을 통과하여 지나간다라고 생각해야지, 공명현상에 집착하거나 그것을 그대로 흘려보내지 못하면 자신도 모르게 자기 몸과 동화시키는 경우가 있다. 개중에는 부여 받은 능력이라 생각해서 자꾸 느끼려는 사람들도 있다.

그럴 경우에는 그 좋지 않은 에너지나 통증이 계속 쌓이게 되고, 나중에는 그로 인해 자신의 몸과 마음에 좋지 않은 결과가 생길 수도 있다.

마음속으로 '이것은 그냥 스쳐 지나가는 것' 또는 '그냥 나를 통과해서 나가는 것'이라고 생각하고 깨끗이 흘려보내도록 하자.

상대방을 간범하지 말자

'간범'이란 간섭하여 남의 권리를 침범하는 것을 말한다. 우리는 하루에도 수없이 많은 선택의 기로에 선다. 여기서 가장 중요한 것은 누가 조언을 해주든 누구의 선택을 따르든 그것 또한 본인의 선택이며, 거기에 대한 결과는 본인 자신에게 직접적인 영향을 미친다는 것이다.

어떤 상황을 보고 '해라, 하지 마라' 또는 '된다, 안 된다'라는 식의 리딩은 절대 삼가야 한다.

물론 내담자가 당신의 말을 따르고 그 결과를 당신이 전적으로 책임질 수 있는 경우는 제외이다. 하지만 자식을 낳은 부모도 자식의 인생을 책임질 수 없는데 하물며 이 우주에서 누가 누구의 인생을 책임질 수 있겠는가?

우리가 타로카드를 공부하는 목적은 좋은 상황은 안심하고 갈 수 있고, 좋지 않은 상황은 미리 알고 비껴갈 수 있게, 그리고 빛의 길로 올바르게 이끌기 위해서다.

선택이란 모든 인간이 동등하게 갖는 권리이며, 자유이다. 그러므로 우리는 내담자를 대할 때 정중히 맞이해야 할 것이며, 열린 마음과 사랑으로 리딩에 임해야 할 것이다.

✦✦ 타로카드의 정확성 ✦✦

이 세상에는 수많은 미래 예측 도구와 방법들이 있지만, 그 중 타로카드는 특히 잘 맞는 것으로 알려져 있다. 우리의 일반적이고 표면적인 의식인 '현재의식'에 영향을 미치고 있는 것을 '잠재의식'이라 부른다. 그리고 과거의 수많은 체험과 느꼈던 기억들은 모두 이 잠재의식에 축적된다.

인간의 의식 전체 중에서 이 잠재의식이 차지하는 비율은 80~90퍼센트인 것으로 알려져 있고, 우리가 평소에 인식하지 못하는 대부분은 잠재의식으로 구성되어 있다.

잠재의식의 더 깊은 차원에 '혼의식' 또는 '초의식'이라 불리는 의식의 세계가 있다. 이 초의식이라 불리는 의식의 세계는 고차원의 자아(하이어셀프) 또는 고차원의 존재와 연결되는 구조를 갖고 있으며, 이른바 '직관'을 통해 그들로부터 정보를 받을 수 있다.

타로카드는 이 잠재의식, 초의식으로부터 내려오는 직관을 이용하여 고차원의 존재들로부터의 메시지를 읽을 수 있기 때문에 정확하다.

✦✦ 섞고 뽑는 방법 ✦✦

78장을 모두 이용할 것인가?

타로카드에는 메이저 아르카나 22장, 마이너 아르카나 56장이 있다. 간혹 메이저 혹은 마이너 아르카나로만 보는 스프레드가 있는데, 이런 경우에는 정해진 대로 따르지만 그렇지 않은 경우에는 대부분 78장 모두 사용한다.

누가 카드를 섞고 뽑아야 하나?

타로카드는 내담자가 직접 섞고 뽑는다. 그래야 질문에 대한 카드의 정확도가 높아진다. 가끔은 내담자가 카드를 뽑기 두려워하는 경우에는 카드를 섞기만 하고, 섞인 순서대로 카드를 뽑는 경우도 있다. 뽑은 카드를 스프레드로 하나씩 놓을 때는 리딩하는 사람이 바라보는 방향을 기준으로 놓는다.

어떤 방법으로 섞고 뽑아야 되나?

1. 카드의 앞 그림이 보이지 않도록 모든 카드를 뒤집어 양손으로 시계방향(오른쪽)으로만 돌려가며 잘 섞는다(이때 자신의 질문이 카드 한장 한장에 녹아들어간다라는 느낌으로 섞는다).
2. 카드가 어느 정도 섞이면 카드를 정렬해서 한 묶음으로 내담자 앞에 가로 방향으로 놓는다.

3. 왼손으로 묶음의 반을 떼어 묶음의 위쪽에 놓고, 다시 거기서 반을 떼어 이번엔 맨 아래쪽에 놓는다.

4. 세 묶음의 맨 위에서부터 차곡차곡 위로 올려 한 묶음으로 만든다.

5. 그 묶음을 리딩하는 사람의 방향에서 카드의 위와 아래를 정해 한 묶음으로 전해 준다(내담자가 카드의 정방향과 역방향을 정하는 절차이다).

6. 카드 묶음을 전해 받은 상담가는 카드를 자신의 앞에 일렬로 펼쳐 놓는다.

7. 내담자는 질문에 정신을 집중하고 왼손으로 카드를 한 장씩 뽑아 상담가에게 건네 준다.

왜 오른쪽으로만 섞고, 왼손으로 뽑아야 하나?

시계방향은 우주의 순행 방향이다. 왼쪽으로 섞으면 에너지 혼란이 일게 된다. 왼손은 신성한 손이며, 무의식과 연결된 손이다.

리딩하기 전 카드를 어떻게 뒤집어야 하나?

내담자가 카드의 정·역(카드의 위와 아래)을 이미 정해서 상담가에게 전해준 상태이므로 카드를 뒤집을 때는 왼쪽에서 오른쪽(오른쪽에서 왼쪽)으로 뒤집으면 된다.

❶

❷

❸

❹

❺

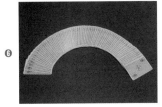

❻

1 (Ace)

에이스는 숫자 1과 상응하며, 각 수트의 뿌리를 이루고, 태초의 시작, 창조, 본질을 나타낸다.

긍정
어떤 새로운 상황이나 생각의 시작
의지의 발현
창조
탄생
남성성
발산하는 에너지
지도력
권위
자립
강한 승부욕
자신감

부정
자기중심적
독선
지배적
폭력
고집불통
기회주의
과신
외로움
고립

에이스가 많이 나올 경우
무언가를 기획하고 시작한다.
새로운 출발

2

2는 하나가 아닌 최소의 수이며, 관계, 양극의 조화와 균형을 나타낸다. 때문에 '지혜의 수'라고도 한다.

긍정
관계
균형
절충
이해
받아들임
수용성
여성성

부정
갈등
대립
이중성
변덕
부조화
분쟁
불화
싸움
우유부단

2가 많이 나올 경우
균형이 필요한 시기
결정이나 선택의 시간
배려의 필요

3

3은 행운의 숫자이며, 성장과 발전을 나타내고 여러 문화권에서 가장 신성하고도 무한한 힘을 나타내는 수로 여겨져 왔다.

긍정
구조의 설립
가족
조화
인간관계
소통
소식
물질화의 창조
성장
협력
지성
공부

부정
질투
경쟁심
경솔
분산
비판

대화의 단절
허영심
무절제
피상적

3이 많이 나올 경우
협력의 결실
대화의 필요성
조화로움
동업
성공과 발전의 약속

4

4는 완성을 의미하며, 대부분의 문화에서 질서와 관련돼 있다. 4개의 방위와 4원소를 더함으로 비로소 완전해질 수 있다는 것이다.

긍정
설립
견고함
조직적
계획
질서
안정
논리
이성
세속
엄격

실현

부정
제한
옹졸
편협
고집
타성
고정화
융통성 없음
우물 안 개구리

4가 많이 나올 경우
'나'를 확립시켜야 할 때
견고한 구조
목표 달성
안정

5

5는 혁신을 의미하는 수이자, 남성인 동시에 여성인 수이다. 또한 소우주로서의 인간을 나타내어 인생에서 겪는 갖가지 고뇌와 고통도 의미한다.

긍정
인간의 숫자
호기심
새로운 생각 또는 방향
모험

자유
독립
변화
유동성
도전
초월

부정
과격함
역경
병
남용
환란
충동
고통
고뇌
불행
실패

5가 많이 나올 경우
혁신
변화
여행
서두르지 말 것

6

6은 최초의 완전수로 여성과 남성의 결혼을 상징하고, 아름다움과 풍요로움, 남녀의 합일을 상징하기도 한다.

긍정

풍요로움

아름다움

사랑

예술

음양의 조화

물질과 영혼의 결합

완전함

평화

관용

심장을 상징

어려움을 초월하는 능력

부정

감정적인 방종

타락

시련

갈등

이별

불화

무책임

불평등

6이 많이 나올 경우

생각이나 행동을 조절해야 할 필요성

연합

다양한 시점에서 조화를 이루려는 시기

도움이 가까이 있음

7

7은 영혼의 숫자이며 오랫동안 마법의 힘이 있는 수라고 여겨졌다. 성서에는 7과 관련된 일들이 무수히 많다.

긍정

승리의 숫자

성스러운 숫자

신의 약속

단계의 완성

정신적 자각

지식

지혜

직관

과학

내면 성찰

연구

분석

부정

회의

의심

불안

소극적

비관

두려움

현실도피

싸움

재판

7이 많이 나올 경우

객관적으로 바라보기
진리
자기 반성의 시간
커다란 변화
결정의 단계

8

8은 우주의 법칙을 나타내는 수로, 물질적인 풍요를 주는 숫자로 알려져 있다. 또한 신성한 정의와 관련되고 힘을 상징하는 숫자이기도 하다.

긍정

힘
정의
재생
리더십
권력
물질적 성공
풍요
올바름
행운
비옥
다산
발전
제어력

부정

극단주의
지나친 야망
기회주의
긴장
압박
실패
파산
힘의 남용
충돌
대립

8이 많이 나올 경우

긍정적인 변화
자신이 확대되는 시기
물질적인 획득
정의의 실현

9

9는 한 자리 숫자 중 가장 큰 수이다. 지금까지의 에너지를 모아서 정점(10)에 오르는 것을 나타낸다. 또한 3×3이므로 세 배로 신성하고 강력한 수라고도 한다.

긍정

빛과 어둠의 중간
만족
내적인 성장
신비

의무
책임
동정심
이상주의
이타주의
휴머니즘
발전의 최종 단계
교육
질서

부정
불완전
기다림
비관
회의주의
변질
손실
이기적
구속
긴장감
번뇌
분열의 극단

9가 많이 나올 경우
최종적으로 마지막 단계가 보일 때
상황이 거의 끝난 상태
다가오는 성공

10

10은 끝과 시작을 나타내는 수로 완벽함

을 상징하며 새로운 주기의 시작과도 관련
이 있다.

긍정
완전
성취
종결
완벽
새로운 주기의 시작
부활
재생
시작과 끝
깨달음
행복과 기쁨의 최고 단계

부정
독선
과신
심판
시련
과잉
과다
나태
폭력

10이 많이 나올 경우
한 사이클이 끝나고 다음 단계로 넘어감

★ ★ ★ ★ 나의 사명의 수 Life mission Number ★ ★ ★ ★

우리는 각자 다른 독특한 빛과 사명을 가지고 이 세상에 왔으며, 그 사명을 다 할 수 있도록 자신을 단련시키고 키워가야 한다. 만약 당신이 자신의 사명의 수와 전혀 다르게 살고 있다면, 다시 한번 삶을 깊게 생각하고, 미래에 대한 방향과 삶을 대하는 태도를 조정해야 할 것이다.

양력 생년월일을 모두 더해 나온 숫자를 가지고 우리 각자의 사명을 알아보자.

계산하는 방법

양력 생년월일 8개의 숫자(월과 일이 한 자리 이면 6개의 숫자)를 하나씩 모두 더한다.

예
1996년 8월 6일생
1+9+9+6+8+6 = 39
39를 또 다시 서로 더해서 하나의 숫자를 만든다.
3+9 = 12
1+2 = 3
이 사람의 사명의 수는 3이다.

1983년 11월 19일
1+9+8+3+1+1+1+9 = 33
33을 3+3 = 6으로 만들어야 하지만, 생년월일을 더한 숫자가 11, 22와 33으로 나온 경우에는 이 숫자와 한 자리의 숫자를

모두 고려해야 한다.

11, 22와 33은 영적인 숫자 Spiritual Number라고 해서 이 세상에 특별한 영적 사명을 가지고 온 사람들을 나타낸다. 그들이 깨어나지 못했을 경우엔 한 자리 숫자대로 살아가지만, 영적으로 깨어나면 자신의 영적인 숫자의 삶과 사명을 실천하며 살게 되는 것이다.

각 숫자에 대한 사명의 의미

1 강력한 리더

강한 의지를 가지고 다가오는 시대에 맞는 새로운 것을 정립하고 만들어, 사람들을 영적인 계몽으로 이끌어야 하는 사명을 가지고 태어났다.

하늘과 땅을 연결하는 숫자인 1의 에너지를 가지고 태어난 이들은 우주의 법칙을 이 물질세계로 가져올 수 있는 힘을 지녔으며, 주위 사람들을 일깨워 발전시키는 힘도 가졌다.

2 부드러운 평화주의자

깊은 배려심을 갖고 태어난 이들의 사명은 주위의 숨겨져 있는 보석과 같은 가치 있는 것들을 발견하여 사람들 앞에 다듬어 내놓는 것이다. 이것은 이들의 머리에서 떠오르는 아이디어일 수도 있고, 어쩌면 눈에 띄지 않는 숨겨진 인재를 발굴해내는 것일

수도 있다. 자신이 앞에 나서서 하는 일보다는 주위 사람들을 빛나게 해주는 아름다운 재주꾼이다.

3 밝고 낙천적인 팔방미인

아름다움과 자유를 사랑하고, 훌륭한 대화상대인 이들의 사명은 사람들에게 희망과 기쁨을 선사하는 것이다. 이것이 현실적으로 사람들의 꿈꿔왔던 것들을 실현시키는 것이 될 수도 있고, 그들에게 꿈과 희망을 심어주는 역할을 하게 될 수도 있다. 삶에서 긍정적인 생각과 마인드로 계속해서 자신의 꿈을 향해 성장하고 발전해 나가는 것이 최대 장점이다.

4 근면 성실한 기획자

가장 신뢰할 만한 사람이라고 할 수 있을 정도로 언제나 열심히 자신의 일에 임하는 이들의 사명은 자신이 속한 그룹이나 하고 있는 일에 적합한 규율을 만들고, 체계적인 시스템을 적용하여 좀더 실용적인 흐름을 만드는 것이다. 이들은 주위에 산재되어 있는 것들을 모아 일정한 규칙을 확립시키는 재주가 있다.

5 독립적인 자유주의자

강한 호기심과 행동력을 가진 이들은 세상에 발맞춰 살아가기보다는 자신만이 할 수 있고, 자신의 개성을 살릴 수 있는 새롭고 미지의 것을 찾아 마음껏 그것을 즐기고

경험하여 그것을 사람들에게 알려주어 계몽시키는 사명을 타고났다. 그러기 위해서는 틀에 박힌 환경보다는 빠른 두뇌회전과 다소 충동적인 성향이 자유롭게 발산될 수 있는 환경이 필수적이다.

6 사랑이 넘치는 헌신적인 봉사자

이들의 사명은 세상 사람들에게 아름다움과 사랑을 나눠주는 것이다. 어떠한 봉사나 도움이 되는 물건이 될 수도 있지만 이러한 느낌을 전달할 수 있는 예술작품이나 다른 창조물일 수도 있다. 이들은 나서지 않고 뒤에서 사람들을 부드럽게 어루만지고 통합하는 뛰어난 재주가 있으며, 사회에 봉사하려는 의지도 강하다.

7 진리를 추구하는 날카로운 분석가

뛰어난 통찰력과 직관을 가진 이들의 사명은 사람들의 의식을 확장하고 영성을 상승시킬 수 있는 활동을 하는 것이다. 분석적이고 과학적인 명석한 좌뇌와 영적 직관이 발달한 우뇌를 함께 지닌 이들은 대부분 그들의 정확한 직관과 영감을 좌뇌로 분석하고 생각하여 가려버리는 경우가 많다. 내면의 직관을 신뢰할 수만 있다면 세상에 많은 봉사를 할 수 있을 것이다.

8 강력한 집중력과 통제력을 가진 활동가

이들의 사명은 강력한 힘과 통제력으로 다른 사람들이 하지 못하는 일을 해내는 것

이다. 다른 사람들보다 훨씬 큰 상념에너지를 가진 이들은 그러한 큰 힘을 사용하여 그동안 사람들이 노력에도 불구하고 하지 못했던 일들을 실현시킬 수 있다. 개인적으로 하는 일보다는 주로 사회나 큰 집단과 관계된 일이 될 것이다.

9 영적이고 관대한 준비된 힐러

신비한 숫자 9의 에너지를 받고 태어난 이들의 사명은 연민과 관용을 바탕으로 한 휴머니즘의 실천이다. 이들은 준비된 힐러이다. 물론 육체적인 힐링도 가능하지만 정신적인 힐링도 가능하다. 이들은 이런 길을 갈 준비를 하고 온 사람들이기 때문에 직업으로 택하지 않는다 하더라도 혼자 명상이라도 하지 않으면 에너지 혼란이 올 수도 있다.

10 1과 동일하게 해석

11 세상에 빛을 가져오는 영적 메신저

이들은 의식이 깨어나지 않은 상태에서는 2번과 같이 생활하다가 의식이 깨어나면 11의 힘으로 사명을 다한다. 이들의 사명은 다른 사람들의 영적 진화의 통로 역할과 계몽을 돕는 것이다. 이들은 영적 세계와 현실 세계를 잇는 메신저이다. 보기 드물게 직관적으로 명료하게 파악하는 객관적인 통찰력으로 일이나 사람의 본질을 파악한다.

22 현현시키는 막강한 힘을 가진 비전가

의식이 깨어나지 않은 상태에서는 4번과 같이 생활하지만, 깨어난 22번의 파워풀한 현현시키는 힘은 상상을 초월한다. 이들의 사명은 그러한 파워를 가지고 영적인 또는 정신적인 리더가 되는 것이다. 그렇다고 꼭 종교나 영성적인 것에만 국한되는 것은 아니다. 영적인 상승을 목표로 하되, 현실에서 실현시킬 수 있는 것들을 만들어내는 꽝한 힘이 있다. 이들은 영적인 쪽이 아닌 물질적으로도 대개 성공을 거둔다.

33 연민과 사랑의 봉사자

의식이 아직 깨어나지 않은 상태에서는 6번과 같이 생활한다. 하지만 의식이 깨어나 활성화가 되면 어린아이와 같은 순수함과 사랑이 넘친다. 이들에게 주어진 사명은 희생적인 봉사이다. 이들만이 할 수 있는 이 사명은 진정한 깊은 사랑으로 충만하지 않고서는 누구도 할 수 없는 고차원적인 봉사이며, 이들은 그런 봉사를 희생이라고 절대 생각하지 않는다. 이들은 사랑을 통한 힐러이며, 이 세상에 우주적인 큰 사랑을 전파하려 여기에 왔다.

★★★★★ 'The Fool'의 어센션 여정 ★★★★★

우리 인간의 의식(1. The Magician)은 빛의 존재들과의 연결(2. The High Priestess)에 의해 상승하게 되고, 대지의 어머니(3. The Empress)를 통해 물질세계에 창조된다.

우리는 그 의지의 현현이자 창조물(4. The Emperor)을 자비와 자애(5. The Hierophant)를 통해 일궈나가야 한다.

그리고 우리의 현명한 선택(6. The Lovers)으로 어둠으로부터 빛의 승리(7. The Chariot)를 이끌어 내면 우리는 인내와 배려를 행할 수 있는 강인한 힘(8. Strength)과 초월적인 지혜(9. The Hermit)를 얻을 수 있게 될 것이다.

우주의 법칙(10. Wheel of Fortune)을 이해하고 카르마를 해소하기 위해서는 어떤 상황에서도 흔들리지 않는 단단한 중용(11. Justice)의 마음과 자기희생적인 봉사(12. The Hanged Man)가 필요하다.

그로 인해 우리는 혼의 죽음과 재탄생(13. Death)을 경험하고, 마침내 균형과 통합(14. Temperance)을 이루게 될 것이며, 더 이상 어둠의 유혹(15. The Devil)에 휘둘리지 않게 될 것이다.

이러한 엄청난 계몽(16. The Tower)은 우리에게 새로운 희망의 빛(17. The star)을 안겨주고 그동안의 혼란과 두려움(18. The Moon)에 밝은 빛과 축복(19. The Sun)을 내려줄 것이다.

이로써 우리는 깨어남(20. Judgement)과 동시에 아데프트의 세계(21. The World)로 들어

갈 수 있을 것이다.

45

제 2 부

◆

메이저
의미

TAROT

★★★★ 0 — The Fool 바보 ★★★★

하얀 태양이 밝게 빛나는 맑은 하늘 아래의 높은 벼랑 위에 한 젊은이가 왼손엔 흰 장미를, 오른쪽 어깨엔 작은 배낭을 메고 서 있다.

그를 따르고 있는 흰 강아지는 그의 순수한 무의식을, 머리 위에서 빛나는 하얀 태양은 우주로부터의 축복과 은총을 나타낸다.

그가 안에 입고 있는 하얀 옷과 흰 장미는 그의 순수함과 축복을 나타내며, 월계수 모양의 모자는 성공을, 그리고 붉은 깃털은 다른 세계로 여행할 수 있는 능력과 열정을 상징한다.

그는 이제 막 태어난 아이와 같이 순수하다. 천국(자기가 생각하고 바라는 모든 것을 이루어내는 곳)의 행복한 상태 그대로이다.

그의 머리와 옷이 바람에 날리고 있는데, 이것으로 이 카드는 4가지 원소 중 공기 원소에 해당한다는 것을 알 수 있다. 또한 눈을 지그시 감고 불어오는 바람을 온몸으로 만끽하며 양팔을 벌리고 있는 그의 포즈에서 그가 새로운 여행에 대한 기쁨으로 충만하다는 것을 느낄 수 있다.

그의 뒤쪽에 보이는 눈 덮인 산들은 그가 아직 다다르지 않은, 어렵지만 곧 다다르게 될 정신적인 세계를 나타낸다.

이 카드에서 주인공은 인생에서 새로운 세계로 첫 발을 내딛는 초보자이다. 비록 높은 벼랑 끝에 서 있지만 그의 표정에는 두려움이 없으며, 희망으로 가득 차 있다.

그는 순수하고 아무것도 모르지만, 마음은 희망과 자신감으로 가득 차 있는 무한한 가능성의 소유자임은 분명하다.

그의 길은 멀고도 험하다. 하지만 그는 고정관념과 사회적인 규범에 얽매이지 않으면서, 곧은 의지와 믿음으로 신의 은총과 가이드의 인도를 받으며 멀고도 긴 여정을 성공리에 마치게 될 것이다.

상징

하얀 태양 : 케테르^{Kether}(카발라 생명의 나무에
서 가장 위에 위치한 무한의 빛)

눈 덮인 산 : 신비롭고도 긴 여행, 험난한
바깥 세상

절벽 : 알지 못하는 미지의 세계를 상징

하얀 강아지 : 친구, 충성스러운 신하

붉은색 깃털 : 바람, 자유로움, 다른 세계
로 여행할 수 있는 능력과 열정

월계수 모양의 모자 : 승리, 성공

흰 장미 : 순수함, 신성함, 축복, 욕망과 열
정으로부터 자유로워짐.

작은 배낭 : 얽매이지 않은 가벼운 마음

노란색 신발 : 경쾌한 여행

정방향

시작
모든 일, 사건, 관계의 시작
새로운 단계로 넘어가다
새로운 곳으로의 여행
처음 시작하는 사람

가능성
성장이 기대되는 사람
틀에 박혀 있지 않은 사람
유연함
초월성

믿음
순수하고 온전한 믿음

보호받고 있는
긍정적인 생각과 행동
주변 상황에 흔들리지 않고 자신의 믿음
대로 행동
완전한 자유

낙천주의
걱정, 근심을 떨쳐버림
주변 상황을 자연스럽게 흐르는 대로 놓
아두는
열린 마음과 생각

역방향

정지, 끝
일이나 관계의 끝
흐름이 정지되다
정체

어리석음
엉뚱한 행동
돌발적인 행동
어리석은 판단과 선택

불안정한
산만한
제멋대로인
변덕쟁이
정신이 불안정한
계획이 없는
좌절하고 슬럼프에 빠진

능력 없는
책임감 없는
행동이 따르지 않는 공상가
허황된

부주의
속기 쉬운
막무가내로 행동하는
쉽게 화내는
돈을 탕진하는
생각 없이 행동하는

직업

무직, 이직, 프리랜서, 자유업, 여행가, 비
정규직(아르바이트), 게임, SNS관련

★★★★★ 1 − The Magician 마법사 ★★★★★

한 젊은이가 자신감에 넘치는 미소를 지으며 이제 자신의 의지를 물질화시키는 마법을 시작하려 한다. 0번 The Fool(바보) 카드도 '시작'을 의미하지만, 이 카드는 구체적인 계획 하에 본격적인 시작과 실천을 하는 카드이다.

그의 머리 위에는 영원과 신의 힘의 상징인 뫼비우스의 띠가 있으며, 허리에는 자기의 꼬리를 물고 있는 뱀 모양의 허리띠가 있는데, 이것 또한 영원을 상징한다.

젊은이의 오른손은 하늘을 향해 마법의 완드를 높이 들고 있고, 왼손은 땅을 가리키고 있다. 이것은 신의 은총과 힘의 강림이며, 위의 것을 끌어내리고 아래의 것을 끌어 올리는 것을 의미한다.

그는 흰 옷 위에 붉은색 옷을 걸치고 있고, 발밑에는 붉은 장미와 흰 백합들이 어우러져 있는데, 이것은 열정과 순수함을 나타내는 것이다. 웨이트는 이것들이 '플로스 캄피Flos Campi'와 '릴리움 콘발리움Lilium Convallium'을 나타내는 것이고, 이것들은 정원의 꽃으로 바뀌어 강렬한 소망의 산물을 나타낸다고 하였다.

플로스캄피, 릴리움 콘발리움은 불가타 성서에서 나왔는데 샤론의 장미와 골짜기의 백합화를 나타낸다고 한다. 이것은 골든 던Golden Dawn의 가입 의식에서도 나온다.

그 앞에 있는 테이블 위에는 타로 수트 형태의 4가지 심볼들이 있는데, 이것은 삶의 요소들과 우주를 구성하고 있는 불·물·

공기·흙의 4원소를 상징한다. 우리는 이것을 통해 그가 인간의 능력을 넘어 선, 모든 것을 컨트롤할 수 있는 신과 같은 힘의 소유자임을 알 수 있다.

상징

뫼비우스의 띠 : 성령의 신비로운 상징, 영원의 무한대, 신의 힘

자신의 꼬리를 물고 있는 뱀 : 현명, 지혜, 지식, 불멸의 상징, 영적인 도달

흰 백합 : 성모마리아의 상징, 순결, 순수한 생각

붉은색 장미 : 육체적, 현실적 열정

4개의 수트 : 모든 것을 창조할 수 있는

불·물·공기·흙의 4가지 기본 원소
하늘을 가리키는 손 : 천국의 보상, 천상의 에너지
지상을 가리키는 손 : 천국의 에너지를 지상으로 보냄
붉은색 로브 : 현실화(물질화)시키는 능력
높이 든 지팡이 : 정신의 창조적 힘, 마법사의 강력한 의지

정방향
힘
인간의 능력을 넘어선 고차원의 힘
강한 의지
강한 정신력
강한 창조력

성공
계획을 현실화시키다
기적과 같은 일을 창출하는
만사형통
한 번에 성공

시작
모든 새로운 것의 시작
시작하겠다는 생각 또는 의지를 가지고 실천
새로운 방향이 정해짐
새로운 것을 창조하는 강한 에너지

머리 좋은

뛰어난 이해력
빠른 머리회전
눈치 빠른

능력 있는
일을 능숙하게 실행하다
뛰어난 말재주
뛰어난 기술, 손재주
노련함
잘 되게 만드는
사람들을 끄는 매력

역방향
힘이 부족한
실행에 옮기지 않는
약한 의지력
집중력이 떨어지는
겁쟁이

무모한
능력 이상의 것에 대한 부탁을 받아들임
경솔한

무능력한
조치를 취하지 못하는
그냥 가만히 있는
인생의 목표가 없는

활동적이지 못한

안으로만 파고드는
행동을 취하지 않는
생각으로만 끝나는

불안정한
상황에 휘둘림
상대에 따라 의견이 바뀜
변덕스러운

거짓말
말뿐인 약속
숨기는
심한 경우에는 사기

직업

엔지니어, 사업가, 협상가, 장인(기능공),
컨설턴트, 모사꾼, 변호사

★★★★★ 2 — The High Priestess 고위여사제 ★★★★★

아름다운 여인이 이시스의 왕관을 쓰고, 신성과 무의식 그리고 성모 마리아를 상징하는 푸른색 베일을 드리우고 두루마리를 들고, 초승달을 밟고서 바다를 뒤로 한 채 왕좌에 앉아 있다. 그녀의 양쪽에는 두 개의 기둥이 서 있고, 뒤에 드리워진 베일에는 석류가 생명의 나무 모양으로 그려져 있고, 그 사이사이에는 대추야자가 그려져 있다. 그녀는 성스러운 고위 여사제이며, 여성의 직관과 무의식을 관장하는 여왕이기도 하다.

양쪽에 보이는 두 개의 기둥은 선과 악, 빛과 어둠, 진실과 거짓, 긍정과 부정 등 이중성을 상징하고, 왼쪽은 직관, 오른쪽은 이성을 나타낸다. 기둥에 써 있는 'B'는 '보아즈Boaz'로 '힘'이라는 뜻이며, 'J'는 '야킨Jachin'으로 '확립'이라는 뜻이다.

이 두 기둥은 약 3000년 전에 있었던 솔로몬 신전의 입구에 서 있던 것으로, 석공 히람에 의해 세워졌으며, 두께 1.8미터, 높이 8.2미터의 황동으로 만들어졌다고 전해진다. 여사제 뒤에 걸려 있는 베일은 영적인 왕국으로 들어가는 입구를 상징하고, 거기에 그려진 석류는 그리스 신화에 나오는 지하왕국의 여신인 페르세포네를 나타내는 것이며, 우주의 단일성을 뜻하기도 한다. 그리고 이것은 여사제가 무의식과 깊은 연관이 있다는 것을 나타내기도 한다.

베일 뒤에 보이는 바다는 종교적인 의식을 할 때 몸을 깨끗이 하는 정화를 뜻하고, 물은 무의식을 뜻하기도 한다.

여사제가 들고 있는 두루마리는 숨겨진 진실을 상징하며, 거기에 쓰여진 'TORA'라는 글자는 자연과 비의의 법칙이라는 뜻으로 자연과 비의적인 지혜와 법칙이 타로와 연관된다는 것을 나타내기도 한다.

그녀 가슴에 있는 십자가는 불·물·공기·흙이라는 4개의 원소의 상징이고, 그녀 발밑에 있는 초승달은 여성과 직관 그리고 상상력을 상징한다.

이 카드를 만든 A. E. 웨이트는 고위여사제는 영적인 신부와 어머니이며, 별들의 딸이라고 하고, 메이저 아르카나 중 가장 높고 가장 신성한 카드라고 말했다.

상징

이시스의 왕관 : 태양 원반을 감싸고 있는 암소의 뿔

보아즈BOAZ : 왼쪽 또는 북쪽에 위치, 억압, 부정, 힘, 여성성

야킨JACHIN : 오른쪽 또는 남쪽에 위치, 긍정, 확립, 자비, 남성성

석류 : 비옥, 다산, 죽음과 부활, 여성의 자궁, 우주의 단일성

대추야자 : 진리, 보호, 여성성의 상징

십자가 : 신과의 합일, 4원소

토라TORA : 모세 5경(창세기·출애굽기·레위기·민수기·신명기), 위대한 법, 비밀의 법률

초승달 : 여성의 직관, 위대한 어머니, 하늘의 여왕

파란색 : 성모마리아의 컬러, 직관, 권위, 무의식

바다 : 생명의 힘의 흐름, 깊은 무의식

정방향

영적인

직관력이 뛰어난

꿈이 잘 맞는

예지 능력

영적인 능력이 뛰어난 사람

불가사의한

무의식 속의 깨달음

비밀스러운

베일에 가려진

숨겨진 비밀

신비로운

은밀한

감정을 쉽게 드러내지 않는

지성적인

판단력

심리를 잘 파악하는

직관적인 행동

적절한 상황판단

현명한

뛰어난 통찰력

깊은 생각

균형 잡힌 생각

역방향

물질적인

육체적인

세속적인 생활과 생각

정신적인 불안정

공격적인

인내심이 부족한

위선적인 말과 행동

짜증

표면적인

표면적인 지식

얄팍한 술수

내숭떠는

말이 많은
자신감 없는
확신 없는
자신 없는

그릇된
잘못된 판단
멀지 보지 못함
편견
입이 가벼운
이기적인
무시하는
비난하는

직업
학자, 교수, 연구직, 보좌관, 신비주의,
또는 영적인 것과 관련된 직업, 종교 관련
직업

임신한 듯이 보이는 한 아름다운 여인이 풍요로운 자연에 둘러싸여 앉아 있다. 그녀 주위의 풍성한 밀밭은 풍요로움을 나타내고, 뒤에 보이는 편백 나무는 비너스에게 바쳐진 나무로 풍요와 지혜의 상징이다.

그녀의 옷에 그려져 있는 석류 무늬는 여성의 생식력과 다산의 상징이며, 하트 모양 방패에 그려진 비너스의 상징은 그녀의 여성성과 아름다움을 상징한다.

성공을 상징하는 월계관 위의 마법의 힘을 상징하는 6각의 12개의 별로 이루어진 관은 12개의 달, 12개의 별자리 등을 상징한다. 이것은 권위의 상징이기도 하며, 그녀가 매우 고귀하고 우아한 여성임을 나타낸다.

웨이트는 "이 카드는 하늘의 여왕은 아니지만 '수천 명의 비옥한 어머니'이며, '죄인들의 피난처'이다"라고 설명했다.

그녀의 헐거운 하얀 옷과 더불어 진주 목걸이는 그녀의 순수함과 평화로움을 나타내며, 뱃속의 아이를 차분히 기다리는 인내심을 나타내기도 한다. 또한 숲 사이로 보이는 조그마한 폭포의 물은 밀과 나무를 자라게 하는 풍요와 보호, 안정을 나타낸다.

12달과 12개의 별자리를 상징하는 왕관과 풍요를 나타내는 석류와 밀밭, 그리고 인내심을 상징하는 진주 목걸이 등을 볼 때 이 '황후'와 풍성한 곡식을 인간에게 선사하는 풍요의 여신인 데메테르를 연관 지어 생각해 볼 수 있다.

상징

월계관 : 성공

12개의 별 : 12개의 별자리, 12달

6각별 : 남성성과 여성성의 합일, 마법의 힘, 4원소의 상징

왕관과 봉 : 권위의 상징

비너스의 심볼 : 아름다움, 여성성

밀밭 : 비옥, 풍요

석류 : 다산, 여성의 생식력, 여성의 씨

흐르는 폭포 : 남성적인 힘, 남근의 상징, 생명의 흐름

진주(목걸이) : 지혜, 달(여성성)과의 관련, 인내심, 순수와 평화

57

정방향

풍요

정신적, 물질적 풍요

평안

풍족

만족

성취

서서히 성공

여성 지도자

기다리며 하나하나 성취해 나감

여성성

임신, 출산, 다산

돌봐주는

포용력

아이들과 연관된

어머니 또는 어머니와 같은

여성적인 발전

아름다움

육체적인 매력

매력적인

인기

전형적인 좋은 여성

마음이 아름다운

역방향

빈곤

빚, 이자에 치이는

가난

불만족

실패

불임, 유산

안절부절하는

배신

지연됨

탄로나다

감정의 부정적인 면

허영심 많은

질투하는

이기심 많은

우울증

불안해하는

제멋대로인

욕구불만

애정결핍

폭음, 폭식

절제 없는 낭비

신경질

직업

의식주 관련, 성공한 여성 사업가, 여성 정치인, 원예가, 예술적인 직업, 아름다움 그리고 여성과 관련된 직업

★ ★ ★ ★ ★ 4 — The Emperor 황제 ★ ★ ★ ★ ★

황제는 황금빛 왕관을 쓰고 오른손엔 생명의 상징인 앙크 십자가 모양의 홀을, 왼손에는 보주를 들고 있는데, 이 황금빛 왕관과 홀은 강력한 권위와 왕권을 나타낸다.

그는 지배적인 권위의 단단함을 나타내는 암석으로 된 거대한 왕좌에 앉아 있다. 왕좌의 양옆에는 강인한 리더의 상징인 양자리를 나타내는 숫양의 머리가 조각되어 있다.

하얀 수염에서 그가 경험이 풍부한 사람임을 알 수 있고, 열정과 생명력의 상징인 붉은색 옷 안에 입고 있는 갑옷에서 그의 열정, 내적인 강인함과 단호한 성격을 유추할 수 있다. 그는 언제든지 전투에 임할 준비가 되어 있지만, 직접 나가 싸우지는 않는다. 그는 최고 자리에서 명령하는 지도자이다.

뒤에 보이는 풀 한 포기 없는 돌로 된 산은 황제의 포부와 야망을 잘 나타내고 있으며, 그 밑으로 가늘게 흐르고 있는 강은 그가 정서적인 면보다 현실적이고 이성적인 면이 월등하다는 것을 보여준다.

그는 수많은 세월 동안 하늘을 찌를 듯한 야망과 권위와 강인함으로 수많은 전쟁과 역경 속에서도 굴하지 않고 꿋꿋하게 자신의 왕국을 지켜왔다. 앞으로도 그는 어떠한 위협이나 세파 속에서도 굴하지 않을 것이며, 그의 왕국이나 자리를 감히 넘보는 자는 그의 힘에 굴복하지 않을 수 없을 것이다.

상징

돌산 : 인간의 포부와 야망, 달성, 도달

돌로 된 왕좌 : 강력한 권위

앙크 십자가 : 이집트의 생명을 부여하는 도구, 삶과 죽음의 미스터리를 푸는 열쇠, 영혼의 영원성

황제의 왕관 : 강력한 권위, 왕권

보주와 홀 : 물질세계의 창조적 힘을 상징하는 여성 에너지와 남성 에너지에 대한 지배력

갑옷 : 내적인 강한 힘, 행동과 힘의 상징

숫양의 머리 : 위엄을 갖춘 리더, 강인함, 파워

수염 : 연륜과 풍부한 경험

정방향

권력

세속적인 부와 힘

권력과 지배력

상황을 지휘함

최고의 자리에 올라감

리더

신뢰할 수 있는 리더

강력한 리더

사람들을 이끄는

위대한 사람

성공

현실적으로 부와 성공을 이른 사람

탄탄한 미래

인정받는 실력자

존경받는 사람

강인함

불굴의 정신력

누구의 도움도 필요 없는 강한 의지

혼란스러움에 대치하는 용기

실천력과 행동력

후원자

의지할 수 있는

책임감 있는

조력자가 나타남

관계

혼담

나이 많은 사람과의 사랑

관계의 안정

역방향

독단적

자기중심적

완고

고집

과욕

집착

뭐든지 혼자서 하려 함

침해적인

무능력

자신의 감정을 조절하지 못하는

경영 부진

강등

좌천

무력한

자신감 상실

우유부단

떠맡은 직책

독립심 없는

패기 부족

폭력적인

난폭한

가정 폭력

데이트 폭력

권위적이고 강압적인

직업

정치가, 권력자, 경영자, 대기업의 높은
경영진, 큰 그룹을 이끄는 리더

★★★★★ 5 — Hierophant 교황 ★★★★★

교황이 두 개의 커다란 기둥 사이에 교황의 상징인 삼중관을 쓰고, 왼손에 삼중 십자가를 든 채 앉아 있다. 그의 발밑에 두 개의 열쇠가 있으며, 그의 앞에는 두 명의 사제가 무릎을 꿇고 있다.

4. The Emperor와 같이 이 카드는 남성적인 카드이다. 황제 카드가 현실적인 아버지의 카드라면 이 카드는 영적인 아버지를 상징한다. 또한 이 카드는 히브리 문자인 바브^{Vav.}ㅣ와 연결되는데, 이 문자의 알파벳 음인 V가 양쪽의 기둥 위에 새겨져 있다. 그리고 교황의 삼중관 위에도 이 바브가 세 개 있는데, 이 문자는 못, 갈고리라는 뜻을 갖고 있고, 십자기에 매달린 예수의 몸에 박혔던 세 개의 못을 나타낸다고도 한다.

교황이 들고 있는 삼중 십자가는 교황의 십자가로, 교황의 권위와 삼위일체를 상징하며 위로 들어 올린 그의 오른손은 기독교적인 축복을 상징한다.

그의 발 아래에 앉아 있는 두 사람은 안내와 지시 그리고 지혜와 이해를 나타낸다. 그들의 옷에는 장미와 백합이 그려져 있는데 이것에 대해서는 앞서 1. The Magician 카드에서 나온 의미와 같다. 교황은 이들을 인도하여 그의 발밑에 있는 두 개의 열쇠로 영적인 빛의 세계로 이끌려고 하는 것이다.

THE HIEROPHANT

상징

기둥 : 모든 것은 신의 발밑에 있으며, 인간과 연결되어 있다.

삼중관과 삼중 십자가 : 교황의 상징과 권위

두 개의 열쇠 : 천국의 문을 잠그고 여는 열쇠. 지식과 지혜

붉은색 장미 : 수난의 피, 열정

흰 백합 : 숨겨진 교리, 순수함

교황 : 인간과 신성의 중재자

정방향

가르침

교육

깊은 학식
믿음직한 조언자
공부하고 연구하는

자비
자애로운
친절한
배려
공감

질서
교리
규칙
윤리
도덕

전통적인
보수적인
복종하는
순응하는

관계
연결이 됨
계약(법적인 관계)
중매자의 출현
중개
동맹관계

역방향
신용 문제

믿을 수 없는
평판이 나쁜
불법적인 일
윤리에 어긋나는 일

관계가 끝나는
인정받지 못한 사랑
배신
주위의 반대
떳떳하지 못한 사랑
형식뿐인 결혼
약속이 깨짐

답답한
남의 이야기를 안 듣는
나만 옳은
좁은 마음
자신의 의견을 강요하는

물질적인
지나치게 물질에 얽매인
속박된
이득을 위해 아부하는

직업
선교사, 성직자, 교직자, 중개인, 학자, 연구원, 컨설턴트, 사회복지, 공무원

★★★★★ 6 — The Lovers 연인 ★★★★★

그림의 맨 위 중앙에 밝은 태양이 햇살을 비추고 있고, 그 아래는 날개 달린 천사가 두 팔을 벌리고 아래 있는 남녀를 축복해주고 있다. 이 천사는 라파엘 대천사이다. 라파엘은 신성한 지혜의 소유자로, 인간의 영혼을 주관하며 사랑을 나타내는 천사이기도 하다.

그 아래에 있는 벌거벗은 남녀는 아담과 이브를 나타낸다. 벌거벗은 모습은 사랑과 본능, 그리고 물질적인 탐욕으로 물들기 전의 순수함을 나타낸다.

여자 뒤에 있는 나무는 선과 악을 알게 하는 나무이며, 그 나무를 감싸고 있는 뱀은 이브를 유혹하고 있다. 남자 뒤에 있는 나무에 달린 12개의 불꽃은 12개의 별자리를 나타낸다. 그리고 이와 같은 불꽃이 15. The Devil 카드의 남자 꼬리에도 있다. 그들 위에 있는 산은 '달성', 태양은 '계몽'을 나타낸다.

남자의 시선은 여자를 바라보고 있고, 여자는 하늘에 있는 천사를 바라보고 있다. 이것은 남자는 여자를 통해 신성과 연결된다는 남성성과 여성성의 신성한 관계를 나타낸다. 웨이트는 이 카드를 '신과 인간 사이의 관계'에 대한 카드라고 했다.

이 두 사람은 지금 대천사 라파엘을 믿고 빛의 길을 계속 갈 것인가, 아니면 달콤한 뱀의 유혹에 빠져 어둠을 선택할 것인가의 선택의 기로에 서 있다.

상징

라파엘 대천사 : 공기의 대천사, 인간의 영혼을 지키는 자, 에덴동산에 있는 생명나무의 수호자

노란색 태양 : 빛의 에너지, 영원

남자 : 아담, 남성성, 의식

여자 : 이브, 여성성, 무의식(영성)

뱀 : 사탄, 지혜, 유혹자

열매가 달린 나무 : 선악과, 먹으면 선과 악(빛과 어둠)을 알게 되는 나무

불타는 나무 : 생명나무, 우주의 근원

정방향

관계
서로 잘 통하는 관계
운명적인 만남
하나가 됨
좋은 의사소통
육체적인 화합

사랑
깊은 사랑의 감정을 느낌
행복한 약혼 또는 결혼
서로 사랑을 필요로 함

선택
올바른 선택
선택의 기로에 서다
유혹을 이기다
현실과 이상 사이의 갈등

즐거움
오락
레저
즐거운 데이트

역방향

멀어지는 관계
이별
실연
궁합이 좋지 않음

방해
라이벌의 방해
삼각관계
싸움과 불화
주변의 반대

대화의 단절
조정이 안 됨
대화가 통하지 않음

변심
속임수
배신
신의를 저버린
거짓말
변덕

선택의 어려움
유혹에 넘어감
잘못된 선택
결정을 못하고 정체됨
외도
조정이 안 됨
지금은 선택하기 좋은 타이밍이 아니다

직업
로비스트, 중개자, 광고. 출판, 커뮤니케
이션에 관계된 모든 직업

★★★★ 7 — The Chariot 전차 ★★★★

젊은 남자가 오른손에 완드를 들고 의기양 양하게 전차를 타고 있다. 그는 마치 태양 의 마차를 모는 아폴로 같다. 마차 위에는 팔각, 육각 그리고 오각별 모양이 그려진 하늘색 커튼이 쳐 있는데, 이는 우주의 에 너지, 마법의 힘과 5개의 원소를 뜻한다.

남자의 양 어깨에는 달의 모양이 있는 데, 왼쪽은 우는 모양, 오른쪽은 웃는 모양 이다. 양 어깨와 가슴판은 성경에서 나오는 '우림과 둠밈Urim and Thummim(유대 대제사장이 의식 을 치를 때 착용했던 물건)'을 나타내고, 이는 신 탁의 매체의 상징이다.

전차의 정 중앙에는 날개 달린 태양이 있 는데 웨이트는 이것을 '이집트의 승리의 심 볼이며 영혼의 바퀴'라고 했으며 이는 태양 과 하늘의 지배자를 나타내기도 한다.

두 마리의 스핑크스는 하나는 검은색이 고 또 하나는 하얀색인데 얼굴은 모두 정면 을 바라보고 있지만 몸은 서로 반대 방향을 향하고 있다. 이것은 음과 양, 즉 이중성과 통일을 나타내는 것이다.

여기서 전차는 육체를, 두 마리의 스핑크 스는 서로 잇갈리는 감정(마음)을 그리고 님 자는 정신을 나타낸다. 반대편을 향하고 있 는 두 마리의 스핑크스를 잘 다루지 못한다 면 그는 마차를 끌지 못할 것이다. 이 카드 는 우리에게 '높은 뜻과 강한 정신력을 가 지고 감정을 잘 조절하여 적극적으로 행동 하라'라는 메시지를 전해준다.

상징

팔각별 : 빛나는 우주의 에너지, 물질적인 성공, 자각의 별

육각별 : 솔로몬의 방패, 마법의 힘

오각별 : 5개의 원소(불·물·공기·흙 그리고 영 Spirit 또는 에테르Ether), 인간의 삶

월계관 : 승리

날개 달린 태양 : 이집트 태양의 신 '라Ra' 의 위엄, 지배의 상징, 승리

스핑크스 : 신전의 수호자, 안내자

바퀴 : 신의 힘, 운송

갑옷 : 내적인 강인함, 단호함, 보호

우림과 둠밈 : 빛과 진리, 특별한 문제에 관계된 하늘의 뜻을 전달하는 신탁 매체

정방향

승리

라이벌을 누르다

소송에 이기다

극복

목표 달성

노력하여 성과를 거둠

집중해서 단번에 달성

목표를 달성할 수 있는 좋은 시기

행동

적극적인 행동

강한 추진력

앞에서 이끌다

길을 개척하다

이동

여행을 떠나다(육로를 통한 여행 – 자동차, 버스, 기차 등)

전근

출장

운송

이사

자신감

리더가 되다

강한 의지

수비보다 공격이 좋다

역방향

패배

라이벌에게 지다

소송에 패하다

거절당하다

시험에 낙방

실패

침해

강요

성급하게 다가감

무리한 권유

강제로 시킴

불균형

의견이 엇갈리는

합일이 어려운

서로 자기 생각만 하는

성급

초조함

혼란

감정의 폭주

덤벙거리다 실패하다

직업

운송이나 유통 관련 직업, 여행이 잦은 직업, 여행 관련 직업, 이동이 잦은 직업, 군대와 연관된 직업, 자동차와 관련된 직업

★ ★ ★ ★ ★ 8 — Strength 힘 ★ ★ ★ ★ ★

흰 옷을 입은 여인이 무시무시한 사자를 부드럽게 어루만지고 있다. 그녀의 머리 위에는 1. The Magician과 똑같은 영원의 상징이며 성령의 신비로움을 나타내는 뫼비우스의 띠가 있고, 꽃으로 풍성하게 엮은 장식을 머리와 허리에 두르고 있다.

사자는 그녀의 아름다움과 부드러움에 압도당한 듯 꼬리를 내리고 마치 애교부리는 고양이처럼 보인다. 사자는 그녀의 부드럽지만 강력한 힘에 굴복하고 순종하고 있다. 하지만 사자는 겁을 내거나 스트레스를 받는 것이 아니라 아주 편안해 보이고, 기분이 매우 좋아 보이기까지 한다.

오래전 만들어진 타로카드에는 남성 혹은 여성이 손으로 사자의 입을 강제로 벌리는, 힘으로의 제압을 나타냈지만, 이 카드에서는 좀더 높은 힘의 차원을 나타내고 있다.

그녀는 될 수 있는 한 사자를 배려한다. 강한 힘을 사용하지도, 무기를 쓰지도 않고, 오히려 사자를 달래고, 순수한 마음으로의 연결을 시도하고 있다. 그녀는 우리의 상위자아Higher Self이며, 사자는 우리의 하위자아Lower Self, 즉 우리의 에고이자 동물적 본능이다.

여성 : 여성성의 상징
사자 : 동물적 본성, 본능, 욕망, 에고

정방향

힘
내면의 힘
역경 속에서 발휘되는 강인함
외유내강
강한 의지
저력을 발휘
적극성
관계를 지배하다

상징

뫼비우스의 띠 : 신비하고 더 높은 영적인 힘, 성령의 신비로운 상징
흰 옷 : 성스러운, 순수한 사람

자신감
당당함
용기
카리스마

인내
끈기
지속력
고도의 인내력
믿음을 갖고 기다림

극복
신념과 노력
압박을 극복함

통제력
자신(상대방)을 강하게 통제하다
상황을 통제하다.
욕망을 이겨내다
본능을 조절하다

역방향
분노
짜증나는
용서하지 못하는
분노가 폭발하다

폭력적
폭력적인 싸움
격렬한 지배욕

난폭한 수단

나약함
의지박약
무기력
자신 없음
장해에 굴복
상대에게 굴복
약한 체력

부족
실력 부족
용기 부족
체력 부족

직업
동물을 다루는 일, 수의사, 스포츠 관련
직업, 몸을 쓰는 일, 치과의사

눈 덮인 산 정상에 한 노인이 홀로 왼손에는 지팡이를, 오른손에는 등불을 높이 들고 고요히 서 있다. 그가 들고 있는 등불 안에는 육각별이 밝게 빛나고 있다. 이 별은 마법의 힘과 인간과 신성의 합일을 상징하며, 등불은 지혜, 영적인 빛을 상징한다.

그는 눈 덮인 험한 산을 오로지 작은 등불과 지팡이만으로 홀로 올라왔다. 한발 한발 조심스럽게 온 정신을 집중하여 인내와 끈기를 가지고 정상까지 올라온 것이다.

이 은둔자는 세상과 떨어진 산 속에서 자신이 걸어온 길에 불을 밝히고 있다. 눈을 감고 모자를 쓴 채 고개를 숙이고 있는 것으로 그가 말만이 아닌, 마음 또는 영적으로 인도하는 안내자라는 것을 알 수 있으며, 바깥세상에는 관심이 없고 내적인 성찰과 성장에 관심이 있음을 나타낸다.

이 카드는 내면으로의 여정에서 빛을 비쳐주어 길을 찾게 도와준다는 의미이자, 진리를 깊이 있게 공부한다는 의미도 있다.

상징

등불 : 지혜, 영적인 빛
육각별 : 마법의 힘, 인간과 신성의 합일
지팡이 : 힘의 상징, 마법사의 도구
눈 덮인 산 : 험난한 현실
수염 : 연륜 있는, 경험이 풍부한
회색 : 청빈, 연륜

정방향

내적인
내적인 성찰
내관
은둔생활
진리를 깊이 있게 공부함
자신을 알아가는 데 좋은 시기

지적인
공부
연구
철학
지혜
더 크고 깊은 해답을 찾다

신중

빛이 사라지지 않게 천천히 앞으로 나아
가다

시간을 들여 정성스럽게 해나가다

세세한 분석

과묵하고 성실함

차분히 관찰함

안내자

조언자

스승

깨달음에 이른 선인

빛을 찾는 사람들에게 올바른 안내를 해
주는 사람

수행자

역방향

외적인

너무 물질적인

돈이나 권력에만 신경 쓰는

외적인 것에만 치중하는

사사로운 것에 신경 쓰다 중요한 것을 놓
쳐버림

미숙한

어리석음

경솔한 결정이나 행동

성급한

혼돈

소심하고 걱정 많은

길을 잃음

가야 할 길을 잃어버려 빛이 보이지 않음

충고를 무시하다 방향을 잃음

사사로운 생각과 걱정 때문에 길을 잃음

현실도피

폐쇄적

고지식

고집불통

고립됨

정체됨

직업

조사와 연구하는 직업, 전문적인 지식을
연구하고 가르치는 사람, 학자, 수행자, 편
집자

카드 가운데에 거대한 바퀴가 있고, 그 아래에 사람의 몸에 자칼의 머리를 한 죽은 영혼을 인도하는 이집트의 신이며 부활의 상징인 '아누비스'가 바퀴를 받치고 있다. 이 거대한 바퀴는 유동하는 우주의 영원한 움직임과 인생의 흐름을 나타낸다.

바퀴의 왼편에는 노란색 뱀의 형상으로 그리스 신화의 티폰이라는 괴물이 그려져 있고, 그 위쪽에는 파란색 스핑크스가 양날의 검을 들고 앉아 있다. 스핑크스는 4원소를 관장하는 신이며, 균형과 지혜를 나타낸다.

카드의 네 모퉁이에는 4개의 생물들이 책을 들고 있는데, 이 4개의 생물들은 4명의 복음 기록자, 4원소, 4개의 별자리 등을 나타내며, 테트라모프Tetramorph라고 한다.

바퀴의 안쪽에는 연금술의 상징인 소금, 수은 그리고 유황과 물이, 바깥쪽에는 TARO라는 글자와 4개의 히브리문자가 써 있다. 이것을 ROTA(바퀴), TAROT(하늘이 정한 법), ORAT(말하다), TORA(율법, 계율 Torah), ATOR(인생의 여신) 등등으로 읽을 수 있다. 이것을 종합해보면, '인생의 계율을 말하는 하늘이 정한 법의 바퀴'라고 해석할 수 있다.

4개의 히브리문자는 요드(י), 헤(ה), 바브(ו), 헤(ה)라고 읽으며, 감히 입에 담을 수 없는 신의 이름을 뜻하는 4개의 신성한 문자로 테트라그람마톤Tetragrammaton이라 부른다.

WHEEL ᴏf FORTUNE.

상징

테트라모프(Tetramorph) :
사자 - 불, 사자자리, 여름
소 - 흙, 황소자리, 봄
사람 - 공기, 물병자리, 겨울
독수리 - 물, 전갈자리, 가을
스핑크스 : 신전의 수호자, 4원소를 관장하는 신
양날의 검 : 권위와 정의, 건설적이거나 파괴적인 행동
아누비스 : 죽음과 부활의 신, 헤르메스와 아누비스를 나타내는 헤르마누비스라고도 한다
티폰 : 온갖 바람의 아버지, 악의 괴물

책 : 진실의 기록, 기억, 토라의 지혜
토라 : 위대한 법, 비밀의 율법
8개의 살이 있는 바퀴 : 우주의 영원한 움직임, 생명의 순환, 카르마

정방향

운명
운명적인 만남 또는 일
운명이 느껴지는 인연
첫눈에 반하는
기이한 인연을 계기로 만남

좋은 변화
재생
전환점
운 좋은 변화
좋은 쪽으로의 진행

행운
알아서 다가오는 기회
예상 밖의 큰 기쁨
좋은 미래
성공의 열쇠를 쥐다

향상
진전
승진
실력 이상의 성과

역방향

문제
앞이 막혀 진행이 어려운
지연
정체

불운
사고의 가능성
숙명에서 벗어나지 못함
시련기
상황의 악화

어긋남
엇갈림
일이 틀어짐
기대에 어긋난 상황

좋지 않은 변화
악화되는 상황
내리막 길
불리하게 되는
어려움
운의 하락

직업

가업을 잇는 일, 천체물리학, 생물학, 생명공학, 눈에 보이지 않는 것들을 연구하는 사람, 형이상학적인 연구(타로. 점성학. 역학…)

한 여인이 오른손엔 양날의 검을, 왼손엔 저울을 들고 두 개의 회색 기둥 가운데에 놓은 의자에 앉아 있다. 오른손의 검은 권위와 정의를 상징하고, 왼손의 저울은 어느 쪽으로도 치우치지 않는 공명정대함을 나타낸다.

붉은색 옷자락 사이로 살포시 나와 있는 오른발은 그녀가 감성이나 무의식보다 현실적이며 냉정하고 이성적인 판단력에 중점을 둔다는 사실을 나타낸다. 검과 저울을 든 대천사 미카엘과 비슷한 모습을 한 그녀는 그리스 정의의 여신인 아스트라이아 Astraea이다.

그녀 뒤의 보라색 베일은 의식의 세계에서는 볼 수 없는 것을 느끼고 볼 수 있는 능력을 나타내며, 숨겨진 지식이나 능력을 수호함을 상징하고, 두 개의 기둥은 다른 세계로 통하는 문을 상징한다.

이 카드는 22장 메이저 아르카나 중 가장 가운데 위치한 카드이며, 인간적인 판단과 시각이 아닌, 오직 신만이 할 수 있는 정의와 심판을 나타낸다.

그녀는 높은 차원의 정의와 우주의 율법을 상징하며, 오직 신의 영역에서만 심판할 수 있는 법칙의 대변자이다.

상징
베일이 쳐진 두 기둥 : 숨겨진 지식의 수호, 다른 세계로 통하는 문
왕관 : 권위

양날의 검 : 정의와 권위, 엄격함
저울 : 공명정대, 심판, 정확한 판단력
붉은색의 로브 : 용기와 일깨움
초록색 망토 : 올바른 길로 인도함, 올바른 선택

정방향
균형
마음의 평정
공평한 계약
균형 잡힌 관계
공정한 주고받음
올바른 판단

법률
재판
승소(재판에 이기다)
법조인

정직
공정한 인물
도덕적이고 책임감 있는 사람

법률적인
법적인 계약
법적인 계약으로 돈을 빌리다
공증
법적으로 가족이 되다(호적)

역방향
불공정
편협한
편견이 있는
불공평한
무시하는

안 좋은 타이밍
실패하기 쉬운 시기
문제를 일으키기 쉬운 시기
잘못된 판단

부정행위
위법적인
부도덕한

배신

법적인 좋지 않은 일
억울한 판결
분쟁이나 소송
패소(재판에 짐)

직업
법조인, 공적인 판결권을 갖고 있는 사람, 행정관

한 남자가 T자형 십자가에 한쪽 발과 양손이 묶인 채로 거꾸로 매달려 있다. 그런데 그의 묶인 발을 자세히 보면 마음만 먹으면 언제라도 쉽게 빠져나올 수 있을 것처럼 헐거워 보인다. 그의 편해 보이는 얼굴 표정에서 그가 지금 이 상황을 평온한 마음으로 받아들이고 있음을, 그리고 머리에 빛나고 있는 후광에서는 그가 상당히 영적으로 높은 사람임을 알 수 있다.

웨이트는 이 카드에서 중요하게 살펴봐야 할 것 중에 하나가 바로 그를 묶어 놓은 나무 십자가라고 말했다. 이 십자가를 이루는 나무는 죽은 나무가 아니라, 아직 살아 있는 나무이다. 이는 앞으로 이 정체기에서 벗어날 것임을 시사해준다.

그는 벗어나려 애를 쓰고 있는 것이 아니라, 기꺼이 자신을 희생해서 타인을 위한 봉사를 하고 있는 것이다. 그는 우리에게 인간적인 사랑이 아닌 영적인 사랑의 본질을 가르쳐준다.

상징

T자형 십사가 : 구원의 상징, 신의 은총
후광 : 신성함

정방향

정체
정지
과도기
침체

고독
교착 상태
움직일 수 없는 상황
상황이나 사람에 의해 구속됨

시련의 시간
방해
자기희생
일에 구속됨
슬럼프

수행

희생과 봉사
관점을 바꿀 필요성

기다림
인내
참고 기다리다
꼼짝할 수 없는 상황

역방향

인내 부족
인내의 한계
상대방의 요구를 견디지 못함
안달하는

자기중심적
제멋대로
관념에 사로잡힌
발상의 전환이 안 됨

실패
외부의 방해로 사태가 더욱 심각해짐
사면초가
돌이킬 수 없는 손실
보답 받지 못한 헌신
노력이 수포로 돌아감

직업

사회봉사, 다른 이들을 위해 희생이 필요
한 직업, 실업자

★ ★ ★ ★ ★   13 — Death 죽음   ★ ★ ★ ★ ★

검은색 갑옷을 입은 해골 형상을 한 사신이
붉은색 눈의 백마를 타고 있다. 그는 고통
을 통과하고 난 후 얻어지는 부활을 뜻하는
검은색 바탕에 백장미가 그려진 깃발을 들
고 있다.

그의 뒤에는 강이 흐르고 있고, 그 너머
에 보이는 두 개의 탑 사이에 불멸의 태양
이 떠오르고 있다. 이 강은 죽은 자들이 건
넌다는 명계에 있는 강이며, 그 왼쪽에는
죽은 자들을 배로 건너 주는 카론의 배가
보인다.

사신의 발밑에 보이는 네 사람 중 왕으로
보이는 사람만이 죽어 있고, 그의 왕관은
말의 발밑에서 뒹굴고 있다. 그는 돈, 명예,
권력에 집착했던 사람이다. 순수를 나타내
는 두 명의 어린 소녀들은 무사해 보인다.

교황인 듯 보이는 자만이 사신을 맞이하
고 있다. 이는 현실적인 자아를 버리고 신
의 뜻을 받아들이는 자(교황)만이 부활을 자
신의 것으로 완벽히 받아들일 수 있다는 것
을 의미한다. 태양이 떠오르고 있는 저 탑
까지 다다르기 위해서는 오직 나의 에고를
버리는 방법 이외엔 다른 방법이 없다.

이 카드는 애벌레가 고치 안에서 보내는
긴 고행의 시간 끝에 아름다운 나비로 다
시 태어나듯, 육체적인 죽음을 나타내는 무
서운 의미보다는 모든 것을 철저하게 쓸어
버린 후의 재탄생을 의미하는 카드이자 '변
성'의 카드이다.

상징

해골 : 변화의 과정, 영적 그리고 육체적
인 죽음, 무상

검은색 바탕에 백장미가 그려진 깃발 : 죽음
뒤의 승리, 고통 뒤의 부활

강 : 흐르는 시간, 생명의 원천, 삶과 죽음
의 경계, 현실과 영적 세계의 경계

새벽 : 정신적 구제와 소생, 각성

떠오르는 태양 : 부활

정방향

전환

터닝 포인트

모든 것을 처음부터 다시 시작

종말이 아닌 새로운 시작
대대적인 큰 변화
파괴와 창조

받아들임
새로운 시작을 위해 과거를 깨끗이 정리함
옛 자아를 버림
종결된 상황을 받아들임

종결
끝나다
완벽한 정리
계약해지
도산, 파산
은퇴
퇴직

불행
육체적 질병
치명적인 실수
실패
패배

역방향
어중간한 상태
끝내지도 못하고 시작도 못하는 상황
헤어 나오기 힘든 상황
질질 끄는 상황

침체
부진
계속되는 손해
미래가 보이지 않음
최악의 상황은 면함

과거에 사로잡혀 있는
과거에 집착하는
아닌 줄 알면서도 놓지 못하는
연연하는

직업
은퇴, 무직, 죽음과 관계된 직업(장의사, 호
스피스), 퇴마사, 보험업

★★★★ 14 — Temperance 절제 ★★★★

한 천사가 한쪽 발은 물에 담그고, 다른 한쪽 발은 땅을 딛고 서 있다. 그리고 눈을 감은 채로 양손에 컵을 들고 왼쪽 컵에서 오른쪽 컵으로 물을 붓고 있다. 그 물은 마치 마법과 같이 서서히 한쪽 컵에서 다른 컵으로 흘러가고 있다. 이것은 이성과 감성, 육체와 정신, 그리고 세속과 성스러운 세상을 조합하여 안정을 조성한다는 뜻을 담고 있다.

그는 태양의 천사이자 대천사장인 미카엘이다. 이마 중앙의 원 모양은 태양의 상징이고, 그가 입고 있는 옷의 목 부분에 4개의 히브리 문자가 써 있다. 이 4개의 문자는 10. Wheel of Fortune에 나온 문자들로, 요드(ˊ), 헤(ㄱ), 바브(ㄱ), 헤(ㄱ)라고 읽으며, 감히 입에 담을 수 없는 신의 이름을 뜻하는 4개의 신성한 문자로 테트라그람마톤 ^{Tetragrammaton}이라 부른다.

가슴에 보이는 사각형 안의 삼각형 모양은 3각과 4각을 합한 수인 7과 연결된다. 신의 숫자이자 최상급의 의미인 3과 조화와 자연계의 숫자이자 최초의 합성 수인 4가 합하여 나온 7이란 수는 완벽, 자기 절제를 나타내는 수이며, 삼각형은 영적인 세계를, 사각형은 현실세계를 상징한다.

그의 옆에 피어 있는 아이리스는 신으로부터의 메시지와 내적인 안내를 뜻하며, 그가 한쪽 발을 담그고 있는 물은 연결을 뜻한다. 그러므로 이것은 신이 인간에게 주는 메시지와 안내를 상징한다.

왼쪽에 보이는 길은 멀리 보이는 산을 향해 곧게 뻗어 있고, 산 위에는 황금빛 왕관이 빛나고 있다. 이 빛나는 황금빛 왕관으로 가는 길은 멀게 보이지만 그리 험하지 않다. 이것은 신의 세계, 즉 신성함으로 가는 길이며 마음만 먹으면 어렵지 않게 도달할 수 있음을 나타낸다.

상징

대천사 미카엘 : 불과 태양의 천사, 빛의 왕자, 힘과 진리의 지배자

빛나는 황금 왕관 : 생명나무의 케테르 ^{Kether}, 신의 세계

길 : 영적인 도달, 비밀의 지식

후광 : 신성함

아이리스 : 빛의 꽃, 고난 뒤의 평화
물 : 감성, 영성, 연결

정방향
절제
절약
강한 인내력
자기관리

조화
적응과 조화
절충
평형상태 유지
협력

관계
마음이 통함
서로 사랑하는 관계
원활한 교류
공감

편안함
무리 없음
평온함
안정된

역방향
대립
불화
내분

싸움
절충이 불가능한

자기중심적
자기주장
제멋대로
상대방을 이해하지 못하는
배려하지 못하는

불균형
불규칙한 생활
게으름
불안정

강한 욕망
문란
낭비
몰아치는 감정

직업
　힐러(치유사), 테라피스트, 심리학자, 상담
가, 관리직, 중재자

81

★ ★ ★ ★ 15 — The Devil 악마 ★ ★ ★ ★

염소 모양의 머리를 한 악마의 등엔 박쥐의 날개가 달렸고, 상반신은 인간의 모습을, 하반신에는 염소 다리가 달려 있다. 이 형상은 1897년 엘리파스 레비가 그린 바포메트 Baphomet의 모습이다.

그는 오른손을 들어 5. The Hierophant 카드의 신성한 손 모양과 반대되는 악마의 상징을 하고 있으며, 왼손에는 신의 열정의 상징인 횃불을 지옥을 향해 아래로 들고 있다. 이것은 신의 열정을 파괴하는 것을 상징하며, 그의 뿔 가운데 자리한 거꾸로 된 오각별은 사탄을 뜻한다.

그가 올라 앉아 있는 제단처럼 보이는 곳 앞에 쇠사슬로 묶인 벌거벗은 두 남녀가 있다. 그들은 6. The Lovers 카드와 비슷한 모습이지만, 머리에는 뿔이 나 있고, 꼬리가 달려 있으며, 목에는 쇠사슬이 걸려 있다.

여성의 꼬리엔 포도송이가 달려 있는데, 이것은 신성한 교류가 그릇되게 사용된다는 뜻이며, 남성의 꼬리에 있는 횃불은 신성한 열정이 그릇되게 사용된다는 뜻이다. 또한 꼬리는 인간의 이성보다는 숨어 있는 동물적인 욕구가 더 강하게 삭용한다는 상징이기도 하다.

여기서 그들의 목에 걸린 쇠사슬을 자세히 보자. 이 사슬은 헐렁하게 매어져 있다. 그들이 마음만 먹으면 언제든지 벗어버리고 뛰쳐나올 수 있지만, 그들은 이미 악의 노예가 되어 포기하고 있는 것처럼 보인다.

상징

바포메트 : 머리와 다리가 염소 형상이고, 새의 날개와 여성의 젖가슴을 가진 악마

거꾸로 된 오각별 : 사탄의 상징

벌거벗은 남녀 : 무죄

쇠사슬 : 스스로의 구속

거꾸로 된 횃불 : 신의 열정을 파괴함

남녀 머리 위의 뿔 : 욕망의 노예

정방향

욕망

지나친 식욕

지나친 성욕

지나친 명예욕

물질적 탐욕
강한 집착

중독
심각한 도박
과도한 음주
일 중독
알코올 중독
약물 중독
심각한 의존성

타락
사악한 것의 유혹
황폐한 생활
스스로를 악으로 몰아넣는

부정적인 것들
부정적인 생각에 사로잡혀 있는
악의
불륜
배신

실패
몰락
포기
악화

종속
복종
속박

비굴
고액의 빚

역방향
회복
긍정적인 이해의 시작
오랜 고뇌에서의 해방
실패에서 회복되는

풀려남
속박에서 풀려남
중독에서 헤어남
유혹을 뿌리침
안 좋은 인연을 끊음

강한 의지
유혹을 뿌리침
상황을 긍정적으로 바꿈
욕심을 내려놓음

주도
나만의 페이스로 돌아옴
내 생각대로 행동함
사악한 것에서부터 홀로 서다
의존하지 않음

직업
유흥 관련업, 도박 관련업, 사채업자, 딜러, 악덕업주

★★★★ 16 — The Tower 탑 ★★★★

험한 산꼭대기의 탑에 하늘에서 번개가 내리쳐 불길이 치솟고 있으며, 탑에 있던 두 사람이 탑 아래 절벽으로 떨어지고 있다. 왼쪽에서 떨어지는 사람은 신의 능력에 대항하려던 마법사이고, 오른쪽 사람은 신의 권능에 도전하려던 왕이다. 자신의 욕망과 에고에 눈이 먼 이들은 신의 분노에 의해 탑에서 추락하는 것이다.

하늘에는 먹구름이 가득하고 탑 위에 있던 금빛 왕관은 번개를 맞아 땅으로 떨어지고 있다. 떨어지는 금빛 왕관은 신이 인간의 그릇된 야망에 대한 노려움으로 내리쳐 버린 것이다.

하늘의 먹구름과 활활 타오르는 불 그리고 번개 등은 하늘의 노여움을 상징하는 재앙과 파괴이다. 마치 바벨탑을 보는 듯하다. 웨이트는 이 번개를 '영적 말씀의 물질화이며, 놀랍고도 두려운 계몽의 불빛'이라고 표현했다.

상징

거꾸로 떨어지는 왕관 : 인간의 분에 넘치는 교만과 타락의 대가
번개 : 신의 분노, 계시의 번개, 심판
먹구름 : 파괴적인 에너지
산꼭대기 : 인간의 포부, 야망
탑 : 인간의 오만불손함

정방향

돌발적 변화
갑작스러운 이별
격변
계획의 붕괴
대혼란

파멸
중대한 위기에 빠짐
방어수단이 완전히 무너짐
파산
재난
큰 사건과 사고

관계의 변화
관계의 파괴적인 단절
가슴 아픈 실연
오래된 신념의 철저한 파괴

폭로
숨겨진 것이 드러나는 충격
쌓였던 것이 폭발하다
비밀이 폭로되어 파멸이 이르다

역방향
좋지 않은 상황
계속되는 압박
횡포
긴박한 상항
내분
사기
거짓말

대립
오해
회복이 가능한 싸움
심각하지만 돌이킬 수 있는 의견충돌

불운
불행한 상황에 간힘
파산 직전의 상황
궁지에 몰리다
손해를 보다

뜻밖의 변동
문제가 생김
예상 밖의 실수
타격을 입다

직업
재개발, 철거업, 군인, 높은 곳에 올라가
거나 육체적으로 위험한 일을 하는 직업,
전기 관련 일들

거대한 노란색 팔각별이 하늘 중앙에 있고, 그 주위를 7개의 하얀 팔각별이 둘러싸고 있다. 거대한 노란색 별은 시리우스인데, 이집트에서는 시리우스가 하늘에 나타나면 나일 강에 홍수가 발생하고 풍작이 든다고 하며, 이를 '이시스의 영혼의 별'이라 부른다. 그리고 그 주위를 둘러싸고 있는 7개의 별들은 점성학에서의 7행성(태양, 달, 수성, 금성, 화성, 목성, 토성)을 나타낸다.

오른쪽 중간에 나무에 앉아 있는 새는 '나일 강의 범람의 신'으로, 아름다운 목소리로 천상의 노래를 부르며, 나일 강의 범람을 알리는 새이다.

아름다운 여인은 이집트 최고의 여신인 이시스이다. 그녀의 나체는 에고를 벗어 던진 상태를 의미한다. 땅과 물을 딛고 있는 그녀의 발은 그녀가 영적인 왕국과 물질 왕국을 모두 관장하고 있음을 나타내고, 스와스티카(卍)와 흡사한 모습으로 양쪽 세계에 천상의 어머니의 생명의 물을 끊임없이 부어주고 있다.

상징
팔각별 : 빛나는 우주의 에너지, 자각의 별
7개의 별 : 신의 약속, 한 단계의 완성
스와스티카 : 산스트리트어로 '행운, 길조'의 의미, 영원의 상징
5개의 물줄기 : 5원소, 천상의 어머니의 젖줄

정방향
꿈을 이루다
미래에 대한 믿음
꿈과 희망을 이룸
좋은 징조
재능을 발휘하다
인기

믿음
자신을 믿음
긍정적인 생각
신념
자신 안의 힘을 느낌

영감
아이디어가 떠오름
대담한 착상
창조적인
해답을 얻음
동기 부여

행운
사랑이 싹틈
이상적인 상대
좋은 기회를 얻다

역방향
절망
희망이 없음
실현되지 않은 바람
비관
실망
불운

무기력
자포자기
자신감 없음
믿음 부족
흥미를 완전히 잃음

욕심
현실과 이상의 차이
심한 자의식
고집이 센

오만한

불안한
몹시 불안해하는
혼란에 빠진

직업
각 분야의 예술가, 연예인, 디자이너, 새로이 뜨는 직업 하늘에 일식이 일어나고 있다. 달이 태양을 가리고 빛은 사라지고 어둠이 깔린다. 양옆에는 두 개의 탑이 어스름하게 보인다. 빛이 가려진 광경을 본 개와 늑대가 소란스럽게 짖어대고 있다.

개와 늑대 뒤편에 보이는 작은 연못에서 갑각류가 물 위로 올라서려 하고 있다. 이 카드의 주인공인 갑각류는 지금 두 개의 탑 사이로 난 진리의 길로 막 들어서려고 하고 있지만, 개와 늑대가 혼란스럽게 짖어대는 이 상황에서 굉장히 불안하게 보인다.

물에서 나오는 갑각류는 숨겨진 무엇이 막 드러나려는 상황을 상징하며, 태양빛을 가리고 있는 달은 어둠 속에서 앞이 잘 보이지 않는 두려운 상태를 나타낸다.

다른 카드에서는 길 끝에 목적지가 보이지만 이 카드에서는 길이 험할 뿐만 아니라 목적지가 보이지 않는다. 두 개의 탑은 다른 세계로 이어지는 통로이자 관문이다. 이는 목적지가 보이지 않는 혼란스럽고 막막한 상태와 본능적으로 느껴지는 이유 없는 두려움의 상태를 나타낸다.

상징

두 개의 탑 : 다른 세계로의 통로, 의식의 변화
달 : 미스터리, 보이지 않는 힘, 환상, 상상력
늑대 : 길들여지지 않은 야성
개 : 길들여진 야성

THE MOON.

갑각류 : 무의식, 달의 상징
물 : 모든 것의 미스터리한 면, 무의식
길 : 비밀의 지식, 영적인 길

정방향

숨겨진
숨겨진 적
배신
애매모호한 상황

속임수
거짓말
진실을 말할 수 없음
눈속임

사기

불안한
믿지 못함
불안전한 사랑
삼각관계
기만

두려움
쉽게 동요되다
생각이 흐려짐
불안과 동요
눈에 보이지 않는 현상

역방향
모면
위기 모면
좋지 않은 유혹을 극복하다
위험 감지
손해를 살짝 피함

인식
속임수를 알아차림
좋지 못한 관계를 알아차림
적을 인식함
해답을 찾음

나아지는
상황이 점점 나아짐
엉킨 실타래가 풀림

갈 길이 보이다
힘든 시기가 지남

직업
야간에 일하는 직업, 눈에 보이지 않는 현상을 다루는 직업, 영적인 직업, 현실적인 직업을 갖기 어려움, 형사

★★★★★ 19 — The Sun 태양 ★★★★★

머리에 붉은색 깃털이 꽂힌 해바라기 관을 쓴 어린아이가 왼손에 주황색 깃발을 들고 백마를 타고 있다. 어린아이와 백마는 순수함과 생명력을 나타내며, 해바라기는 넘치는 생명력과 환희를 상징한다.

여기서 보이는 붉은색 깃털은 0. The Fool 카드에서도 볼 수 있는데, 우리는 여기서 '바보'의 주인공이 긴 여정을 통해 점점 진화하여 자아를 죽이고 어린아이로 자유롭게 다시 태어난 것을 알 수 있다.

아이의 뒤편에는 담이 있어 아이를 안전하게 보호하고 있고, 그 위에는 해바라기들이 있다. 그 위에는 커다란 태양이 정면을 향해 빛을 한껏 발산하고 있다. 아이는 태양의 보호 아래 안전하고 행복한 상태이며 더 없는 환희의 상태라는 것을 알 수 있다.

이 카드는 22장의 메이저 아르카나 중 가장 긍정적이며 행복하고 만족스러운 카드이다.

상징

태양 : 기쁨과 행복의 발산, 생명, 존재의 중심
해바라기 : 태양의 힘, 환희
어린아이 : 순수함
백마 : 생명력, 태양의 에너지
주황색 깃발 : 깨달음과 환희
담 : 안전, 보호하는

정방향

활기
의욕에 넘치다
개발
좋은 건강
충만한 에너지
앞날에 대한 좋은 비전
좋은 쪽으로의 발전

행복
행복한 시간
만족
사랑
행복한 결혼 또는 약혼

축복받을 기쁜 일
건강한 사내아이의 출산 또는 임신

성공
약속된 성공
물질적인 성취
상을 받다
선출되다

역방향
불확실
미뤄진 승리
자꾸 미뤄지다
안개 낀 미래
결혼이나 약혼 등의 약속이 깨질 가능성
불확실한 미래
불안전한 파트너십

불행
깨어진 계획
괴로움
저하된 체력
병들다
취소
해고
실패

불안
의기소침
낙심

금전적인 불안
생활에 대한 불안
과민반응
신경질적

직업
아이들과 관련된 모든 직업, 교육사업,
교사

★★★★★ 20 — Judgement 심판 ★★★★★

구름에 둘러싸인 천사가 지상을 향해 나팔을 불고 있고, 땅에는 죽었던 자들이 관에서 일어나 아직 창백한 모습으로 하늘의 천사를 향해 두 팔을 벌리고 있다.

이 천사는 우리에게 영혼의 길을 안내해 주는 대천사 가브리엘이다. 죽음과 부활의 천사이며, 최후의 심판 때 나팔을 불어 우리에게 알릴 임무를 맡은 천사이기도 하다.

그 아래 앞쪽에는 그림의 오른쪽에 여자가, 왼쪽에는 남자가 그리고 가운데는 아이가 등을 돌리고 서 있다. 그들은 가브리엘을 향해 머리와 팔을 들어 올리며, 경배와 환호를 하고 있다.

배경에 보이는 눈 덮인 산은 0. The Fool 카드의 배경에 나왔던 바로 그 산의 반대편이며, '바보'가 여정을 통해 건너 온 험한 물질세계를 나타낸다.

상징

대천사 가브리엘 : 물의 대천사, 천상의 메신저

구름 : 성스러움

나팔 : 구원, 부름

흰 깃발에 붉은색 십자가 : 영국의 수호성인인 성 조지Saint George 의 십자가

관 : 부활을 기다림

물 : 무의식, 생명의 흐름

눈 덮인 산 : 험한 바깥세상

정방향

좋은 소식

보상받다

승진

합격

고대하던 소식이 오다

재판에서의 승소 판결

변화

발전하다

운이 열리다

새롭게 하다

정신적, 육체적인 좋은 변화

각성
알아차림
깨어남
자신의 재능에 대한 알아차림

재출발의 좋은 기회
재회하다
되살아나는 사랑
복귀
재혼
재수

역방향
좋지 않은 소식
재판에서의 패소
낙방
과거 안 좋았던 상황의 재발
병 또는 문제의 재발

실패
재기 불능
포기하다
실직

부진
옛 것에 대한 집착과 고집
과거에 구애받음
결단을 내리지 못함
방황에서 벗어나지 못함
후회하다

이별
이혼
소외감
관계의 끝

직업
획기적인 사업, 블루오션, 음반이나 공연
사업, 이벤트 사업, 치유 관련, 강연 관련,
헤드헌터

★ ★ ★ ★ ★ 21 — The World 세계 ★ ★ ★ ★ ★

나체의 모습을 한 여인이 보라색 천을 몸에 휘감고 양손엔 완드를 들고 춤을 추고 있다. 월계수 잎이 타원형으로 그녀를 둘러싸고 있으며, 그 위쪽과 아래쪽에는 붉은색으로 된 매듭이 뫼비우스 띠 모양을 하고 있다. 월계수는 승리와 순환을 나타내며, 붉은색 뫼비우스 매듭 또한 완성과 영원한 삶을 상징한다.

카드의 네 모퉁이에는 4개의 생물들 머리 모양이 있는데, 10. Wheel of Fortune 카드에서도 나왔던 테트라모프이다. '운명의 수레바퀴' 카드에서는 책을 보고 있지만 여기서는 그럴 필요가 없다. 왜냐하면 모든 여정이 끝났고, 모든 것이 완벽하기 때문이다.

이 나체의 여인은 19. The Sun에서의 어린아이와 같이 순수한 모습을 하고 있으며, 그녀 몸을 두르고 있는 보라색 천은 그녀가 영적으로 매우 성숙한 존재임을 보여준다. 그녀가 양 손에 들고 있는 두 개의 완드는 그녀가 이제 테트라모프를 이용해서 모든 마법을 쓸 수 있다는 강력한 힘의 증거이다.

그녀의 오른발은 공중을 딛고 왼발은 십자가 모양으로 뒤로 겹쳐져 있다. 이 모양은 12. The Hanged Man에서도 볼 수 있다. 이 카드에서 여인은 자유로운 모습으로 춤을 추고 있다. 이는 묶여 있던 모든 것들로부터 자유로워졌을 뿐만 아니라 모든 단계의 완성을 나타낸다.

이 카드는 모든 것을 다 갖춘 최고의 카드이다.

상징

테트라모프 Tetramorph :
사자 - 불, 사자자리, 여름
소 - 흙, 황소자리, 봄
사람 - 공기, 물병자리, 겨울
독수리 - 물, 전갈자리, 가을
나체의 여인 : 진실, 순수
두 개의 완드 : 마법과 진화, 하나를 끝내고 더 높은 다른 하나를 얻음
보라색 : 영적인, 고귀함
구름 : 성스러움

월계수 모양의 타원 : 우주의 순환, 윤회,
완성
무한대의 붉은색 매듭 : 완전하게 완성된
세계

정방향
완성
완벽함
모든 것이 준비되어 있음
해피엔딩
한 사이클의 완성

이동
여행
장소의 이동

성공
목표 달성
행복한 결혼
대만족
외국과 관련된 행운
번영

외국
해외사업
무역
이민
해외여행

역방향
무력함
부진하다
성취되지 않은 계획
미숙함
불분명한 태도
방심하다
주저하고 망설이다

불완전
미완성
불완전한 시작
비전이 없음
용두사미

좌절
슬럼프에 빠지다
변화에 저항하고 홀로 지내다
실망
권태로움
어중간한 상태에서 멈춤

직업
예술(무용), 저명인사, 외국회사, 통역관,
무역업, 외교관, 외국과 관련된 직업.

제 3 부

◆

수트 카드
리딩

✦✦✦✦ 수트 카드 리딩 ✦✦✦✦

완드 Wand

완드는 우주에서 가장 먼저 만들어진 에너지인 불 원소이며, 남성적인 에너지다. 인간의 의지를 나타내며, 모든 것의 시작이자 창조의 세계이다.

사람의 성격으로 표현하자면 열정적, 직선적이고, 무엇이든 생각나면 바로 행동으로 옮기는 사람이라 할 수 있다. 성격은 좀 급하지만 직관력이 뛰어나 '이것이다'란 생각이 들면 뒤도 돌아보지 않고 바로 밀고 나가 승부를 보는 성격의 소유자다.

라이더 웨이트 덱에서 완드는 조그마한 새싹이 돋아 있는 나무 막대기로 표현되는데, 이것은 무언가 새로이 시작되는 창조적인 것을 의미한다.

스프레드에서 완드가 많이 나오면 행동이 필요하거나, 무언가가 시작되는 경우가 많다. 중세시대에 완드는 농민계급을 상징했으며, 트럼프에서는 클럽^{Club}으로 되어 있다.

컵 Cup

컵은 불 원소와 짝을 이루는 여성적인 에너지인 물 원소다. 인간의 감정, 인간관계와 마음을 나타내며, 흐름을 상징한다.

컵의 사람은 감성이 풍부하여, 예술 방면에 소질이 있고, 사람을 잘 보살피며 부드럽다. 영적인 면에서도 뛰어난 소질을 갖고 있으며, 돈이나 명예보다 사람과 사람 사이의 관계와 감정에 더 비중을 두는 몽상가이기도 하다.

스프레드에서 컵이 많이 나오면 관계와 감정에 관계된 것들이 문제의 중심인 경우가 많다. 중세시대에 컵은 성직자를 상징했으며, 트럼프에서는 하트^{Heart}로 되어 있다.

소드 Sword

소드는 공기 원소와 연결된다. 눈에 보이지 않는 유동적인 공기의 성향을 가진 소드는 4가지 수트 중 가장 저돌적인 성질을 갖고 있다. 양날의 검이 풍기는 분위기처럼 우리가 헤쳐 나가야 할 세상에서 벌어지는 갖가지 고통과 장애물을 나타낸다.

또한 정련된 강한 권력과 판단력, 지혜 등을 나타낸다. 그러므로 소드의 사람들은 날카로운 지성의 소유자들이 많다. 4개의 수트들 중 가장 이성적이라 할 수 있다. 결단력도 있으며, 정의롭고 냉정하다.

스프레드에서 소드가 많이 나오면 인생에서 굉장히 힘든 시기를 나타내며, 걱정과 근심을 나타낸다. 중세시대에 소드는 귀족계급의 상징이었으며, 트럼프에서는 스페이드^{Spade}로 되어 있다.

펜타클 Pentacle

펜타클은 흙 원소와 연결된다. 모든 것을 현실화시키는 작업을 나타내며, 4가지 수트 중에서 가장 현실적이고, 안정과 풍요를 상징한다.

돈, 비즈니스나 눈에 보이는 결과 또는 기술 등을 나타내고, 스프레드에서 펜타클이 많이 나오면 일 또는 돈이 들어오거나 생각했던 것들이 현실화되는 것을 나타낸다.

펜타클의 사람들은 현실적이며, 무엇을 하든 꾸준하게 열심히 한다. 그리고 오감이 발달하여 먹고 마시는 것과 자연을 사랑하며, 현실세계에서의 안정된 삶이 그들에겐 무엇보다 중요하다.

중세시대에 펜타클은 마녀의 상징이기도 했으며, 상인의 상징이었고, 트럼프에서는 다이아몬드Diamond로 되어 있다.

수트	완드	컵	소드	펜타클
4원소	불	물	공기	흙
키워드	창조력 직관 행동	영적 능력 느낌 감성	냉철한 이성 사고 걱정, 근심	감각 오감 안정
성격	다혈질 적극적 직선적	수용적 섬세함 로맨틱	이성적 논리적 냉정	보수적 현실적 꾸준함
성향	남성적	여성적	남성적	여성적

Ace of Wands

* * * * * Ace of Wands * * * * *

에이스는 각 수트의 핵심을 담고 있다. 굉장히 강한 파워를 가진 카드로, 마이너 아르카나 중에서도 4장의 에이스는 메이저 아르카나와 대등하게 해석한다.

모든 에이스 카드는 공통적으로 하늘의 구름에서 빛나는 오른손이 나와 각각의 수트를 쥐고 있다. 이 손은 고차원에서 내려온 신의 손이며, 우리에게 각각의 수트의 파워를 주는 것이다.

그리고 모든 에이스 카드에는 사람이 등장하지 않는다. 이것은 인간의 힘으로 어찌할 수 없는 큰 힘이란 것을 보여준다. 다시 말하면 하늘이 주신 능력과 기회라고 할 수 있으며, 빛의 존재로부터 내려오는 일종의 계시라고도 할 수 있다.

구름 속에서 뻗어 나온 손이 활기찬 창조력과 남성다운 에너지의 상징인 나뭇잎이 달려 있는 막대기를 당당히 들고 있다. 그 막대기에서 떨어져 나온 8개의 나뭇잎은 새로운 시작과 생명력 그리고 창조력을 나타낸다.

오른편 아래에 보이는 세 그루의 나무는 성장을 상징하며, 왼편에 보이는 작은 언덕 위의 성은 미래의 성공을 나타낸다.

이 카드는 우리에게 불의 에너지를 선물로 준다. 직관, 창조력과 행동력을 부여해준다. 아무것도 없는 무의 세계에서 무언가를 만들어내려고 하는 힘이 강한 카드이다.

정방향

새로운 시작

창업

창안

입학

취직

관계

탄생

아이의 탄생

창조

발명

능력
창조력
직관
밀어붙이는 힘

힘
강한 생명력
강한 남성 에너지
강한 의지

역방향
끝
일이 완성하지 못하고 끝나버림
실현되지 않은 목표
계획의 무산

잘못된 시작
준비되지 않은 상태
기회를 잃음
시작하지 못함
아직 시작할 시기가 아님

고갈
에너지 고갈
열정이 식음
행동할 힘이 없음
의지박약

Ace of Cups

★★★★★ Ace of Cups ★★★★★

구름 속에서 나타난 손에 황금빛 컵이 들려 있다. 컵에는 인간세계에 뿌려주는 신의 사랑을 나타내는 5개의 물줄기와 신의 은혜를 나타내는 히브리 문자 요드(ㆍ) 형태의 물방울들이 흘러내리고 있다.

컵의 중앙에는 거꾸로 된 M자가 있는데, 이는 히브리 문자 멤(ㅁ) – 물이라는 의미와 연결된다. 그리고 성체를 물고 컵 안으로 날아들고 있는 하얀 비둘기는 물질세계에서 성령의 실현을 상징한다. 저수지에 핀 연꽃은 부정적인 감정의 정화를 나타내며, 물은 영성과 감정의 상징이다.

이렇듯 이 카드는 신으로부터 우리에게 내려오는 신성한 사랑과 은혜를 가득 담은 신성한 카드라고 할 수 있다.

정방향

만족
순수한 기쁨
비옥함
풍요
신의 은총, 선물

시작
새로운 로맨스의 시작
새로운 관계의 시작
순수한 감정의 시작

긍정적인 대인관계
넘치는 친절

사람들이 모여듦
대인관계로부터 오는 혜택

힐링
부정적인 감정의 힐링
상처받은 마음의 힐링

역방향

사랑의 실패
짝사랑으로 끝남
원하지 않는 사랑
식어버린 감정
받아들여지지 않는 사랑

불안정
마음이 불안함
겉도는 사랑
초조함
우울
욕구불만

기만
배신
떠남
속은 듯한 기분
바람 피다

Ace of Swords

구름 속에서 나타난 손이 양날의 검을 잡고 있다. 검은 금빛 왕관을 관통하고 있고, 왕관의 좌우에는 각각 승리의 상징인 야자나무 잎과 평화의 상징인 올리브 나뭇가지가 걸쳐져 있다. 이는 최고의 권력과 권위의 상징이며, 15세기 이탈리아의 비스콘티 Visconti 가문의 문장이기도 했다.

검의 손잡이 부분에는 컵 에이스에서 보았던 히브리 문자 요드(ﾞ)가 양쪽에 각각 3개씩 그려져 있다. 아래쪽에 보이는 지형은 4개의 에이스 카드들 중에서 가장 메마르고 험하다.

이 카드는 강인함과 역경을 물리치고 얻어내는 승리를 나타낸다.

정방향

강한 정신력

역경 극복

강한 통제력

날카로운 결단력

문제에 직면하다

이를 악물고 노력해서 쟁취함

승리

시련을 뚫고 승리를 쟁취함

힘으로 얻는 성공

주도권을 쥐다

성취욕

상승에 대한 강한 욕망

강한 자기표현

목표를 향해 전진하다

지성

날카로운 사고력

번뜩이는 아이디어

역방향

욕심에서 비롯된 실패

의지가 너무 강해서 주변인들이 따라오지 못함

공격적인 통제로 인한 실패

손실

폭력
폭력적 성향
괴팍한
가혹한 행위
자신과 타인을 심하게 추궁함

자멸
자기 파괴
파멸을 초래하는
악의로 인해 자멸하는

Ace of Pentacles

★★★★★ Ace of Pentacles ★★★★★

구름 속의 손이 황금빛으로 빛나는 펜타클을 받쳐 들고 있다. 펜타클은 인간의 삶 자체를 상징한다.

그 아래는 노력의 대가를 상징하는 아름다운 정원이 보이고, 정원에는 붉은색 꽃과 흰 백합이 만발해 있다. 아치형 넝쿨을 통해 멀리 산을 향해 작은 길이 나 있는데, 이 산은 고차원의 진리의 세계를 나타낸다.

여기서 우리는 물질적 풍요로움과 안정을 느낄 수 있다. 웨이트는 이 카드를 '모든 카드들 중 가장 길조'라고 했다.

정방향

물질적 만족
물질세계를 즐김
경제적 안정
좋은 거주지

번영
번창
사업의 확대
투자가 들어옴
새로운 수입

육체적 만족
오감을 즐김
자연과 함께하는 삶
편안한 육체

물건
금
돈
매우 귀중한 물건

역방향

욕심
탐욕
너무 돈에 집착함
구두쇠

손실
일시적인 금전적 손실
직업을 잃음

106

경제적 불만
건강을 잃음
돈을 받지 못함

물건을 잃음
돈을 잃음
소중한 물건을 잃음

★ ★ ★ ★ ★ 2 of Wands ★ ★ ★ ★ ★

한 남자가 붉은색 모자를 쓰고, 갈색 옷을 입고서 오른손엔 지구본을, 왼손엔 지팡이를 들고 홀로 성벽 난간에 서서 바다를 바라보며 무언가 큰 계획을 세우고 있는 듯하다. 지구본은 그가 이미 성취한 것을 나타낸다.

갈색 옷을 입고 성 안에 있는 모습으로 볼 때 그가 안전을 중시하고 있음을 알 수 있다. 붉은색 모자는 열정적이지만 그로 인한 스트레스도 많음을 알 수 있다.

그가 서 있는 성의 웅장함과 옷차림으로 봐서 성공한 인물임을 알 수 있지만 어떤 생각에 가득 차 있다. 지금까지 구축해온 것들을 좀더 발전시키기 위해 고민하고 있는 것 같다.

그의 손에 들린 막대기는 묶여 있지 않은 데 비해 오른쪽에 있는 막대기는 성벽에 묶여 있다. 이것은 그가 이미 쌓아온 노력의 결과물들을 의미한다.

이 카드는 더 큰 바람이나 성공을 나타내며, 오랜 생각 끝에 얻은 계획의 실행 단계를 나타낸다.

정방향
성공
좋은 지위와 일
승진
목표 달성
세속적인 만족
오랫동안 지속 가능

선택의 기로
여기서 만족할 것인가 아니면 더 나아가 새로운 경험을 할 것인가
어떤 방향으로 펼쳐 나갈 것인가

신중함
목표를 신중하게 생각힘
미래의 계획을 확실히 세우다

여행
먼 곳으로의 여행
새로운 경험

역방향

불안
초조함
틀어진 계획
자립하지 못하는

큰 고독
혼자 남겨진 것 같은 느낌
말할 상대가 없음
사람을 그리워함

상실
건강을 잃음
자신감 상실
소중한 것을 잃음

혼란
어떻게 해야 할지 모르는
갈피를 못 잡는
의도와 다른 길로 빠지는
상대방과 의견이 다른

화관을 쓴 남자가 월계관을 쓴 여자에게 다
가가 서로의 컵을 교환하고 있다. 그들은
컵을 서로 교환함으로써 사랑의 서약을 하
고 있는 것이다.

그들의 컵 위에는 날개 달린 붉은색 사
자머리와 헤르메스의 지팡이가 있다. 붉은
색 사자는 열정과 사랑의 맹세를, 두 마리
의 뱀은 음과 양을 상징하며, 음양의 교류
를 통해 더 큰 사랑(에너지)으로 연결됨을 상
징한다.

이 카드는 메이저 아르카나의 6. Lovers
카드의 조금 현실적인 버전이며, 로맨스의
시작 또는 우정을 표현하고 있다. 또는 인
간의 삶 속에서의 두 가지 상반되는 생각이
나 감정의 화합을 통한 갈등의 해소를 뜻하
기도 한다.

정방향

감정

사랑의 시작

우정의 시작

서로를 충분히 이해함

깊은 공감과 교류

관계

이성이 다가옴

좋은 관계 유지

관계가 발전하다

사회적, 개인적 결합

결혼

약혼

성적인 결합

계약

동업

두 사람이 새로운 것을 만들어내다

조화

상반된 감정의 조화

마음을 합치다

조화가 필요할 때

순조로운 의견 조율

역방향

잘못된 관계

깨지기 쉬운 사이

짝사랑

댓가 없는 사람

겉모습만 보고 만나는 관계

좋지 않은 감정

사랑(우정)에 대한 실망

불신

불만

분열

상대방을 위해 한 말이 오히려 상황을 악화시키다

뜻하지 않은 오해

엇갈린 요구

서로를 이해하지 못함

관계의 끝

이혼

파혼

절교

별거

한밤중에 여인이 홀로 눈을 가린 채 흰색 가운을 입고 의자에 앉아 있다. 그녀의 손에는 두 개의 긴 검이 들려져 있는데, 무언가에 대한 방어적인 자세를 취하고 있는 듯 두 개의 검을 가슴 앞에서 X자형으로 교차하고 있다.

그녀 뒤에는 바다가 있고, 바다 위에 험한 바위가 군데군데 보인다. 여기서 바다는 감정을, 바위는 긴장감을 상징하며, 이것은 감정이 동요하진 않지만 항상 무언가에 굉장히 긴장하고 있음을 나타낸다.

이 카드는 현재 균형이 잡혀 있는 상태이기는 하지만 불안감과 긴장감에 둘러싸여 현실과 동떨어진 느낌을 준다.

그녀의 손은 묶여 있지 않다. 눈을 가린 천은 마음만 먹으면 언제든 벗어 버릴 수 있다. 그녀는 스스로를 현실에서 분리시키고 있으며, 진실과의 대면을 회피하고 아무것도 받아들이지 않고 있는 것이다.

정방향

갈등이 내재하는 균형
신실을 외면하고 껍데기만 받아들이는
가까스로 참아내고 있는
의지와 감정의 내적 갈등

위험해지는 상황
간신히 균형 잡고 있는 이성을 차오르는
감성이 지배하고 있음
점점 상황을 유지하기 힘듦

문제를 인정하려 하지 않음
흔들리는 균형
막다른 골목

표면적인
가식적인
괜찮은 척하는
잘 되어가는 척하는

선입관
편견
마음을 열지 않음

역방향

상황 파악

처한 상황을 알아차리기 시작

대처하는 방법을 알다

자신의 생각을 정리하게 되다

대책 없는 행동

계획과 행동이 어긋남

제멋대로 돌진

생각하지 않고 덥석 달려들다

그릇된 생각, 행동

섣부른 판단

배신

거짓말

★★★★★ 2 of Pentacles ★★★★★

한 젊은이가 양손에 펜타클을 들고 마치 곡예를 하고 있는 듯이 보인다. 그의 뒤에는 두 척의 배가 인생의 기복을 나타내는 거친 파도를 타고 있다. 몸에 비해 어울리지 않게 긴 모자와 작은 발, 그리고 파도가 심한 바다를 보면 불안해 보이기도 하지만 그가 들고 있는 두 펜타클은 무한의 상징인 뫼비우스의 띠로 연결되어 있다. 이것은 그가 어떤 문제이든 능숙하게 다룰 수 있는 무한한 능력의 소유자임을 나타낸다.

이 카드는 현재는 불안정한 시기지만 주인공이 갖고 있는 무한한 능력으로 미래의 성공을 기약함을 나타낸다.

정방향

즐거움
오락
즐거운 분위기 연출

불안정한
동요
긴장
불안정한 시기
에너지가 두 개로 분산되지만 잘 해결됨

대응
어려운 일의 능란한 처리
순조로운 해결
변화에 잘 대응
유연하게 대응할 필요성

두 가지 일
두 가지 일이나 사람을 비교
두 가지 일을 동시에 진행
양자택일

역방향

불안정한 생각, 마음
우유부단
의존성

실패
시간 끌다가 두 마리의 토끼를 모두 놓침
두 개 모두를 선택하지 않음
변화를 잘 따라가지 못함

잘못된 선택

요령
요령 피우다 발목 잡힘
적당히 한 일 때문에 약점이 드러남

인간관계 악화
배신당함
사이가 안 좋아짐

3 of Wands

★★★★★ **3 of Wands** ★★★★★

한 남자가 언덕 위에 서서 동이 터오는 바
다를 가로질러 어디론가 가고 있는 배들을
바라보고 있다. 그는 1. The Magician 카
드의 마법사와 같은 복장을 하고 언덕 위에
서 있으며, 땅 속으로 안정감 있게 박힌 3개
의 막대기 중 하나를 잡고 있다.

그가 입고 있는 옷에서 볼 수 있듯이 그
는 성장에 대한 욕망이 큰 사람이다. 2 of
Wands의 주인공이 안정을 중요시하는 반
면, 이 카드의 주인공은 훨씬 진취적이고
활동적인 이미지이다.

이 카드에서는 3이라는 숫자가 주를 이
룬다. 막대기도 3개, 배도 3척, 막대기에 난
나뭇잎도 각각 3개씩이다. 3이라는 숫자는
최초의 완성을 나타내는 숫자이며, 구조의
설립과 성장 그리고 성취의 숫자이다.

이 카드는 성공을 나타내는 카드이면서
앞으로 더 해야 할 일들이 많다는 것을 보
여주는 카드이다. 2 of Wands에서는 주
인공이 지팡이 하나를 들고 있었으나, 지금
은 3개 모두 땅 속에 안정적으로 박혀 있다.
이것은 상황이 어느 정도 안정되어 있다는
뜻이다.

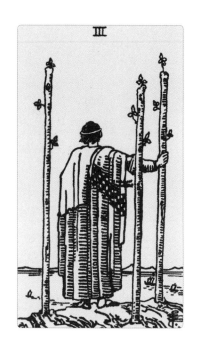

정방향

성공
목표 달성(단. 시간이 걸릴 수 있음)
만족
더 큰 전진
성취감

인도
비전을 가지고 다른 이들을 인도하다
진리의 길로 안내하다

재능
사업적 수완
통찰력
리더로서의 생각

비즈니스
거래
사업적 제휴
협상
사회적 교역

공동작업
실적

역방향
실패
정지
중단
미결
라이벌에게 패배

어려움
어려운 거래
실망스러운

자만심
거만함
방심
승리에 대한 쓸데없는 자만심
무리한 계획

실망
배신
협력이 깨짐

★★★★★ 3 of Cups ★★★★★

세 명의 아리따운 여인들이 컵을 높이 맞댄 채 원을 그리며 춤을 추고 있다. 한 여인은 순수, 또 한 여인은 사랑, 다른 한 여인은 풍요를 상징하는 아름다운 옷을 입고, 서로의 술잔을 교차하며 수확의 기쁨을 나누고 있는 듯이 보인다.

발 아래에는 풍요의 상징인 과일과 채소가 있다. 춤을 추고 있는 3명의 여인들은 사랑으로 합쳐진 관계와 희망찬 미래와 고양된 정신을 상징한다.

이 카드는 앞으로 다가올 행복, 성취, 풍요로움을 상징한다.

정방향

치유
건강 회복
고통에서 완전히 벗어남

만족
만족스러운 결과
행복감
승리
축하
인간관계에서의 좋은 결과

성장
감정적 성장
성취감
목표 달성

관계
사교성
인기
서로 나눔
사교를 위한 커뮤니티

즐기다
가까운 곳으로 피크닉을 가다
레저
파티

역방향

과다
과다한 쾌락

폭음
폭식
사치
방종

시간을 끌다
문제를 내버려 둠
결단을 미룸
귀찮음
게으름

불안한 상황
어중간함
어떤 방법을 써도 결과가 나오지 않음
가고 싶지 않은 곳에 가게 됨

관계의 악화
감정적인 다툼
시기
질투
서운함
삼각관계
성실하지 못한 관계

★★★★★ 3 of Swords ★★★★★

비구름이 가득하고 장대비가 내리는 우중충한 하늘에 붉은색 하트가 3개의 날카로운 검에 관통 당했다.

하늘과 구름은 슬픔과 불확실성을 나타내는 회색이고, 칼에 찔린 하트에서 가슴저린 슬픔과 고통을 느낄 수 있다.

비록 심장을 찌르는 듯한 고통을 나타내지만, 그럼에도 불구하고 붉은 하트는 아직 건재하다.

이 카드에는 사람도 없고 동식물도 없다. 이것은 사람의 의지로는 막을 수 없는 필연적으로 겪어야 하는 시련이라는 뜻이다.

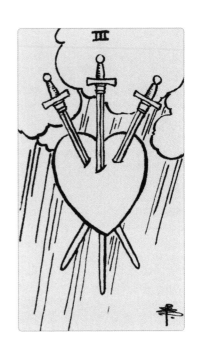

정방향

시련
피할 수 없는 시련
용서할 수 없는 상처
정신적 또는 육체적 시련

아픔
슬픔
고뇌
고통
괴로움

깨어진 관계
파탄
싶은 상처를 남기고 떠남
깊은 애증

이혼
파혼
별거

역방향

불화
소외감
이간질
화합이 안 됨

혼란
혼잡
멍한 상태
헷갈림

120

마음이 흐트러짐
산만한 정신

잘못
실수
손실
잃음
다른 이들로 인해 일어난 사고

★★★★★ 3 of Pentacles ★★★★★

수도사와 고객으로 보이는 두 사람이 설계
도를 들고 있다. 그들은 징과 망치를 들고
있는 석공과 교회의 공사와 세부적인 조각
작업에 대해 이야기하고 있다.

뾰족한 아치 기둥 위에는 3개의 펜타클
이 새겨져 있고, 그 아래에는 장미십자가
문양이 있으며, 그 안쪽은 깜깜하다. 이것은
일반인들에게 알려줄 수 없는 숨겨진 고도
의 기술이나 진리 등을 의미한다.

이 카드는 각 분야의 전문가들이 팀워크
를 통해 목표를 이루어가는 카드이다. 혹은
두 사람 이상의 동업을 의미하기도 한다.

정방향

기능
고도의 기술을 습득하다
숙련된 기술
예술적인 재능

평판
명성
장인
승진
인정받음
영광스러운
훌륭한 인재

합심
팀워크
의견을 모으다

머리를 맞대고 기획을 하다
동업의 가능성과 필요성
다른 이들의 도움을 통한 목표 달성

역방향

부족
기술 부족
경험 부족
무지
계획 부족

모자란
무언가를 빠트림
어리숙한

실수투성이

불일치
의견이 엇갈리는
합의가 안 되는
동조를 받지 못하는

✶✶✶✶✶ 4 of Wands ✶✶✶✶✶

대문처럼 세워진 4개의 막대기 위에 커다란 화환이 걸려 있다. 그 화환은 여러 종류의 꽃들로 풍성하게 이루어져 있다.

화환 아래에는 한 쌍의 연인이 3개의 꽃다발을 마리 위로 높이 올리고 우리를 환영하고 있는 듯하다. 다른 사람들은 즐겁게 파티를 즐기며 기쁜 일을 모두 함께 축복하고 있다.

그들 오른쪽 뒤에는 꽃으로 둘러싸인 성으로 통하는 아치형의 다리도 보인다.

이 카드는 라이더 웨이트 덱에서는 유일하게 정방향과 역방향을 모두 같은 긍정적인 뜻으로 해석하는 카드이다. 역방향은 결실의 속도가 조금 느려질 뿐 정방향과 같은 좋은 의미로 해석한다.

긴 노력과 노동 뒤의 보상, 휴식과 즐거움의 시간 등을 의미한다.

정방향

기쁨

평화

조화

수확

번영

로맨스

행복감

설렘

약혼 또는 결혼

우정 또는 사랑이 꽃핌

승리

승리를 축하

풍요로운 결실

큰 문제를 성공적으로 해결

사업적인 모험이나 큰 프로젝트의 성공

즐거움

즐거운 사건

평화로운 장소

축하할 일

많은 사람들이 함께 모여 즐거운 시간을 보냄

역방향

정방향과 같은 뜻이지만 결실의 시간이
조금 걸리며 약간의 불편함이 있다.

4 of Cups

한적한 교외에서 한 남자가 팔과 다리를 꼰 채 나무에 기대어 앉아 있다. 그는 무언가 불만스럽고 귀찮은 듯이 앞에 놓인 3개의 컵을 바라보고 있다.

하지만 자세히 보면 그는 컵들을 바라보는 것이 아니라, 새로움과 애정, 감정을 상징하는 구름 속에 들린 컵을 외면하고 있는 듯하다. 그는 지금 그 무엇에도 관심이 없다.

이 카드에서 보여주는 불만과 지루함은 사회나 주위에서 온 것이 아닌, 바로 주인공 자신 안에서 나오는 것이다.

그는 과거에서 빠져 나오지 못하고 있다. 감정과 사고가 정체되어 있어, 이대로 있다간 자신에게 다가오는 좋은 기회나 선물을 놓칠 수 있다.

자신을 재정비하기 전까지는 그 무엇도 흥미를 끌지 못할 것이며, 끝없는 정체기 속에서 헤어 나오기 힘들 것이다.

정방향
정체기
권태기
정 떨어짐
매너리즘에 빠진
과거에 연연하는

부정적인 느낌과 사고
싫증
혐오

불안
싫음
가슴 아픈 과거를 잊지 못함

피로
지침
육체적인 상실감
무기력

놓치다
주변의 소중한 것들을 알아채지 못함
좋은 기회 또는 선물을 놓침
주위 사람들을 무시

역방향

새로움
새로운 가능성
새로운 관계
새로운 목표
새로운 지식

회복
과거의 문제에 대한 새로운 발견
권태기 또는 과거에서 벗어남
깨어남
현재 자신의 상태를 인식하게 됨

활기
다시 시작하는 활동
활기를 띄기 시작하다
기운을 차리다
다시 활기를 찾은 관계

★★★★★ 4 of Swords ★★★★★

한 기사가 무덤에서 기도하는 형상으로 누워 있다. 벽에는 참회자에게 은총을 내리는 듯한 스테인드글라스가 있고 그 오른편에는 3개의 검이 나란히 걸려 있다. 나머지 1개의 검은 관처럼 보이는 침대 옆에 눕혀져 있다.

이 카드의 주인공은 현실과 고통에서 벗어나 치유를 위한 휴식에 들어가 있다. Ace of Swords를 제외한 나머지 9장의 소드 카드들이 모두 시련과 고난을 나타내는 반면, 오직 이 카드만 평온함을 느끼게 한다.

지금은 모든 것에서 한 발짝 물러나 시간과 여유를 갖고 휴식을 취해야 할 시기임을 암시하는 카드이다.

정방향

휴식
은둔
요양
충전 기간
명상의 시간이 필요

회복 기간
건강을 회복하는
병이 호전되는
보충

고독
격리된
외로움

연기
결과가 늦어짐
움직일 수 없는 상황
지금은 활동할 시간이 아니다

역방향

활동
서서히 활동을 시작함
활동적인 교우 관계

충만함
의욕이 충만
충분한 기력
에너지 충전

다시 시작
활동을 재개할 시기
일상으로의 복귀
재생

복구
잃은 것을 되돌려 놓다
조금씩 앞으로 나아감

한 남자가 가슴에 펜타클을 꼭 안고 앉아
있다. 그리고 그의 머리 위 그리고 발 양쪽
밑에 각각 한 개씩의 펜타클이 있다.

머리 위의 펜타클은 그의 사고방식이 물
질적이고 이해타산적이라는 것을 의미하
고, 가슴에 안긴 펜타클은 그의 마음 또한
인색하다는 것을 보여준다. 발 아래와 품속
의 펜타클은 금전에 대한 그의 집착을 보여
준다.

이 주인공은 인간미라곤 찾아볼 수 없는
고리대금업자 혹은 구두쇠와 같은 이미지
로 비친다. 그의 뒤에는 높은 빌딩이 가득
들어선 도시가 있다. 아마도 그는 그 도시
에서 많은 건물을 소유하고 있는 부동산 부
자일 것이다.

이 카드는 인색함과 물질에 대한 애착을
버리고 너그러움과 베푸는 마음을 가져야
할 것을 경고해주는 카드이다.

정방향
욕심
소유욕
물질에 대한 집착
구두쇠

금융
고리대금업자
담보
융자
높은 이자

돈이 들어옴(하지만 돈에 대한 집착이 더욱 강해
짐)

상속
조상의 유산을 받음
부동산을 통한 횡재

좋지 않은 성격
인색함
물질에 대한 강한 집착
초심을 잃음

역방향
불편한 마음

좌절감
물질적인 집착 때문에 생기는 불안과 걱정

물질적인 불안정한 상황
물질에 대한 집착이 오히려 손해를 불러옴
이익이 없음
경제적 손실
손해

좋지 않은 상황
모호한
주저하는
기회를 놓침
사리사욕이 일을 망침

5명의 젊은이들이 각기 다른 색의 옷을 입고 긴 막대기를 휘두르며 서로 싸우고 있는 것처럼 보인다. 하지만 그들의 표정은 그리 심각하지도 않으며, 아무도 다치지 않았다. 그들의 막대기는 서로 부딪치고는 있지만, 상대방에게 치명적 일격을 가하고 있지는 않다.

이 카드는 치열한 싸움이나 전투는 아니지만 의견 분쟁이나 사소한 말다툼 같이 금방 끝날 수 있는 의견 충돌을 나타낸다. 5명의 젊은이들이 각기 다른 색의 옷을 입은 것이 바로 각자의 의견이 다르다는 것을 보여준다.

또는 자신의 내면에 이렇듯 많은 생각과 마음들이 서로 충돌하고 있는지도 모른다.

정방향

싸움
논쟁하다
다투다
소송하다
반박하다

경쟁
사랑을 놓고 경쟁을 벌임
큰 행운을 얻고 난 후 서로 다툼

혼란
작은 논쟁으로 인한 혼란
인생에서의 갈등

자기 마음속의 혼란
불화
복잡하게 얽힘

장애물
사사로운 장애물이 많은
귀찮은 일들이 계속하여 생김
어떤 문제에 얽히다
귀찮은 일에 말려들다

역방향

실질적인 싸움
결국 싸움이 일어남
경쟁이 싸움으로 번짐

물리적인 싸움

내면의 갈등 분출
내면의 갈등이 결국 밖으로 분출되어 좋
지 않은 방향으로 터짐
혼란스러움이 사고를 유발
참았던 화를 터트림

분리
분열
싸움 후에 관계회복 불가능

★★★★★ 5 of Cups ★★★★★

검은색 망토를 걸친 남자가 자기 앞에 쓰러져 있는 3개의 컵을 바라보며 슬퍼하고 있다. 그의 뒤에 있는 2개의 컵은 똑바로 세워져 있지만 그에게 위안이 되지 못하는 듯하다.

멀리 보이는 성과 그 남자 사이에는 강이 가로막고 있다. 강 오른쪽에는 성에 무사히 다다를 수 있는 다리가 놓여 있지만 그는 슬픔에 젖어 그 다리를 보지 못한다.

여기서 검은색 망토는 슬픔과 절망을 나타내고, 검은색 망토를 걸친 주인공은 더 이상 잃을 희망도 용기도 없다는 듯 망연자실한 모습이다.

5개의 컵이 모두 쓰러진 것은 아니지만 이 카드의 주인공은 쓰러진 3개의 컵에 실망을 하고 있다. 아직 쓰러지지 않은 2개의 컵은 그의 관심 밖이다. 남아 있는 컵에서 새로운 시작을 할 생각보다는 오직 쓰러진 컵에만 관심을 갖고 슬퍼하고 있는 것이다.

여기서 우리는 긍정적인 생각의 중요성을 발견할 수 있다. 부정적인 마음으로는 아무것도 다시 시작할 수 없다. 아직 늦지 않았다. 미래는 당신의 손에 날려 있나.

정방향

기대에 못 미치는
기대 이하의 결혼 생활
기대 이하의 결과
부분적 손실

실망
실제 상황보다 더 큰 실망
지난 행동에 대한 후회
더 많은 것을 바라는 현재에 대한 실망감

불행한 관계
불완전한 결합이나 파트너로 인한 갈등
사랑 없는 결혼
진실함 없는 관계
깨어진 관계

슬픔
절망
낙담

무기력

역방향
돌아감
예전의 일을 다시 하게 됨
기쁨, 행복이 돌아옴
회복
복귀

새로운 미래
새로운 출발
기분 좋은 기대감
실망 다음에 찾아온 가능성(기회)

관계
옛 친구나 연인에게 돌아감
친밀감이 생김
재회

전투에서 진 2명의 남자가 검을 뺏기고 처량하게 뒤돌아 가고 있다. 한편 승자는 의기양양하게 다섯 자루의 검을 모으며 미소를 띤 채 패배자들을 조롱하듯 쳐다보고 있다.

하늘은 패자들의 마음을 나타내는 듯 회색 구름이 이리저리 흩어져 있다.

이 카드는 경고의 카드이다. 승자는 자신에게 유리한 결과를 내기 위해 상대방에게 씻을 수 없는 상처를 주면서 부정하고 치사한 방법으로 승리를 거뒀다. 너무 이기는 것에만 치중한 나머지 다른 사람이나 그의 상황은 안중에도 없이 승리를 거뒀다 하더라도 결과적으로는 좋지 않을 수 있기 때문이다.

정방향

악의

질투

잔인한 행동

비방

중상모략

낮은 자존감

자신의 존재감이 낮다

정체성을 잃어버린 상태

겉모습에만 치장

허영

앞서가려는 생각

이기는 것에만 너무 치중

눈 앞의 이득만 생각

내가 먼저 가려는 생각 때문에 문제 발생

인간 관계의 불화

조직 내의 문제

이용하거나 당하다

사기를 치거나 당하다

역방향

잃음

파괴

취소

희생당함
모든 것을 빼앗김

실패의 반복
인간관계의 불화
아주 커다란 타격
싸움이 오래감

슬픔과 비탄
몸도 마음도 물질도 모두 잃음
깊은 슬픔의 징조
마음이 텅 빈

★ ★ ★ ★ ★ 5 of Pentacles ★ ★ ★ ★ ★

눈보라 치는 추운 거리를 연인인 듯 보이는 두 명의 걸인이 걸어가고 있고, 그들 옆에는 생명나무 같은 교회의 스테인드글라스가 보인다.

남자는 다리를 다쳐 목발을 짚은 채 힘겹게 걷고 있고, 여자는 추위를 이기기 위해 숄을 머리에 뒤집어쓰고 한껏 움츠린 채 맨발로 걷고 있다.

남자의 목에 종이 걸려 있다. 중세에는 한센 병에 걸린 사람들에게 종을 걸어 사람들에게 위험을 경고하게끔 했다. 그들은 헐벗고 굶주렸다. 그런데 도와주는 사람 하나 없이 사회로부터 소외당하고 있는 것이다.

또한 이 카드는 어렵고 각박한 현실에 휩싸여 자신들에게 내미는 따사로운 구원의 손길을 알아차리지 못하고 지나칠 수 있다는 것을 보여준다.

정방향
빈곤
물질적 결핍
정신적 빈곤 상태
금전적인 부담과 갈등
빚

근심
걱정
스트레스
고독감
실업

안타까운 상황
고립된 상황
제3자의 개입이 불가능한 상황
좋지 않은 건강
기회를 놓침
아직 때가 아님

역방향
곤란한 상황
돈이 없음
상황이 좋지 않지만 돌파구를 찾을 수 있음

138

극복의 시간

경제적으로 어려움이 있지만 극복될 수

있음

지금은 노력하겠다는 의지가 필요

제3자의 개입이 가능해짐

6 of Wands

한 남자가 승리의 상징인 월계관을 쓰고 갈색 망토를 걸친 채 연두빛 천을 두른 백마를 타고 있다. 그는 월계관이 달린 막대기를 들고 있다. 그는 여러 명의 동료들과 함께 노력의 대가로 이룬 승리를 만끽하고 있다.

그가 입고 있는 갈색 망토는 안전과 꾸준한 힘을 나타낸다. 그는 안정된 승리를 통해 풍요와 안전을 가지고 돌아온 영웅이다.

이 카드는 큰 전쟁에서 승리를 하고 돌아온 영웅이 환대와 성취의 기쁨과 승리를 모두 함께 나누고 만끽하는 것을 나타낸다. 혼자만의 성공이 아님을 기억해야 한다. 기쁨은 나누면 두 배가 된다. 이 기쁨을 함께 즐겨라.

정방향

성취

큰 전쟁 뒤의 소중한 승리

성공

리더십

정복하다

희망과 소망의 현실화

목적 달성

좋은 결과

동료들의 협력으로 잘 풀림

좋은 소식을 들음

문제 없는 전진

보상

노력에 대한 대가

권위와 명예를 얻다

결과에 대한 보상

역방향

늦어짐

연기

지연

불안감

실패에 대한 두려움

다가오는 적에 대한 두려움

걱정

끝없는 지연으로 인한 좌절

자만심
과거의 성공으로 인한 자만심의 위험성
무의미한 성과에 대한 허황된 자부심
거만함
거들먹거림

잘못된 상황
잘못된 희망
신의 없는 행동
배신
불충
적반하장

★★★★★ 6 of Cups ★★★★★

한 소년이 흰 꽃이 가득 담긴 컵 하나를 나이 어린 소녀에게 건네주고 있다. 마을은 오래되어 낡은 듯 보이지만 풍요롭고 포근한 느낌이다.

마을 곳곳에 있는 6개의 컵 안에는 순수함을 나타내는 하얀 꽃이 가득 담겨 있다. 이것은 순수한 마음의 상징이다.

이 카드에선 그림의 대부분이 '큰 행복'을 상징하는 노란색으로 되어 있는데 이것은 과거의 추억이 매우 아름다웠다는 것을 나타낸다. 또 다른 의미로는 너무 아름다웠던 추억을 그리워한 나머지 과거에 빠져 현실을 잘 보지 못하는 것으로도 해석할 수 있다.

너무 과거에 빠져 집착하면 안 된다. 지금 살고 있는 현실과 과거는 뗄 수 없는 관계이다. 그렇다고 과거에만 너무 집착한다면 밝은 미래를 약속할 수 없음을 반드시 알아야 할 것이다.

정방향

과거
과거 감정의 집착
고향 생각
노스텔지아에 빠짐
과거를 돌아봄

과거와 관련된
과거의 사람(연인, 친구, 지인)
과거에 했던 일

과거에 살던 곳
어린시절 생각

순수함
어린아이와 같은 순수한 마음
순수한 사랑의 감정

역방향

새로움
새로운 전망
새로운 사람과의 만남
새롭게 하다

미래
금방 일어날 일들
미래를 향해 나아감
미래로 관심을 돌림

변화
긍정적인 변화
환경의 변화
과거의 정리

***** 6 of Swords *****

이미 큰 슬픔을 경험한 듯 옷으로 몸을 가린 채 웅크리고 있는 한 여인과 아이가 배에 타고 있다. 뱃사공은 노를 저어 강 건너편으로 향하고 있다. 배에는 무거운 짐 대신 현재의 고난과 상처를 나타내는 6개의 검이 꽂혀 있다. 배 오른편의 강물은 거칠지만 왼편의 목적지로 흐르는 강물은 잔잔하다.

이것은 고통에서 안정된 미래로의 여행을 암시한다.

이 카드는 현재의 상황보다 더 나은 미래로의 이동 혹은 여행을 나타낸다. 지금까지의 걱정과 근심으로부터의 벗어나 새로운 세계를 향해 서서히 나아감을 암시한다.

정방향

여행
물을 통한 여행
순조로운 여행
배를 탐

긍정적인 변화
점점 나아지는 상황 또는 관계
고생을 뒤로 한 성공으로의 길
불안 뒤에 안정을 찾음
고뇌에서 벗어남
중요한 변화의 시기

끈기
어려움을 극복하려는 노력

끝까지 버티는 끈기

역방향

궁지
궁지에 몰림
막다른 상황
해결이 불가능한
도망칠 수 없음, 사면초가

부정적인 변화
점점 안 좋아지는 상황이나 관계
멀어지는 관계
목표에서 점점 멀어짐
결정적인 부정적 시점

기울어가는

원치 않은 상황
좋지 않은 상황으로 휘말려 들어감
원하지 않은 관계 또는 계획
계획되지 않은

★ ★ ★ ★ ★ 6 of Pentacles ★ ★ ★ ★ ★

상인인 듯 보이는 부유한 남자가 저울을 사용하여 가난한 자들에게 공정하게 재물을 나눠주고 있다.

그의 양 옆에는 두 명의 남자가 무릎을 꿇고 손을 벌린 채 존경과 기쁨에 찬 얼굴로 이 남자를 우러러보며 차례를 기다리고 있다.

우리는 이 카드에서 자비 친절 그리고 관대함을 느낄 수 있다. 이 카드는 나눠주는 기쁨을 나타낸다. 그리고 앞으로 다가올 금전적인 도움이나 혜택도 의미한다.

정방향

관용

자선

관대함

호의

친절

물질의 분배

원조

선물

봉사

공정함

원한 만큼의 피드백

일한 만큼의 대가

평등한 대우

인센티브

역방향

좋지 않은 마음

이기주의

물질에 대한 큰 욕심

탐욕

위선

시기

질투하다

부러워하다

채무

빚을 갚지 못하다

빚을 짐

이자 체납

공정하지 못한
열심히 일해도 돌아오는 것이 없음
좋은 평판을 위해 공정하지 못한 위선적
행동을 함

한 젊은이가 벼랑 위에서 막대기로 다른 6개의 막대기들의 공격에 용감하게 맞서고 있다. 그의 신발을 보면 한쪽은 부츠, 다른 한쪽은 구두이다. 이것으로 그가 지금 굉장히 당황했거나 정신이 없다는 것을 알 수 있다.

6개의 막대기가 그를 향해 공격을 하고 있지만, 그럼에도 불구하고 그의 용맹함 때문에 감히 그에게 다가가지 못하고 있다.

그는 민첩하고, 뛰어난 잠재력을 갖고 있다. 아직은 어리고 미숙하지만 장차 훌륭한 남성이 될 충분한 자질을 갖고 있다.

지금은 맞서 싸울 시기이다. 힘들고 어려운 상황이라도 용기를 내어 맞선다면 성공할 수 있음을 의미하는 카드이다. 자신감 있게 대응하라는 뜻의 카드이다.

정방향

자신감
도전하다
용기 있게 맞서다
자신감 있게 저항
쟁취하기 위한 투생

극복
실패의 두려움을 넘어서다
많은 장애물을 극복하다
투쟁하여 밀고 나가다
힘든 상황을 극복하다
여유는 없지만 이길 수 있다

상황
라이벌이 많다
쉴 틈이 없다
선점하다
유리한 입장

성공
승리
획득
선점

힘
타협하지 않은 정신력
필사적인 힘

신념

역방향

걱정

근심

걱정되어 용기를 낼 수 없음

좋지 않은 상황

난처한 상황

당혹스러운 상황

끝없는 장애

상실

극복하기 어려운 난관에 부딪히다

역부족

아무것도 못하고 끝나버릴 가능성

불안한 느낌

혼란스럽다

신념이 흔들리다

압박감

망설임

소극적

실패

이길 수 없음

상대가 안 됨

보답 없는 노력

7 of Cups

모호한 회색 구름 속에서 나타난 7개의 컵 안에 보석, 월계관, 드래곤, 뱀과 성 등 갖가지 환영들이 펼쳐져 있다.

그것을 바라보고 있는 한 남자의 검은 뒷모습에는 컵들의 유혹에 빠져 황홀해하며, 무엇을 선택해야 할지 어쩔 줄 몰라 하는 모습이 역력하다.

그는 지금 현실이 아닌 망상속에서 황홀감과 만족감을 느끼고 있다.

이 카드는 현실성 없는 환상이나 망상과 같은 유혹을 나타낸다. 하루 빨리 정신을 가다듬고 현실을 직시할 수 있는 힘을 키워야 할 것이다. 그렇지 않으면 하루하루를 환상에 빠져 허우적대고 말 것이다.

정방향

현실성 없는
공상
헛된 희망
과대망상
착각
망상

허상의
실체가 없는 상상 속의 성공
노력 없이 결과를 바람
현실적이지 못한 사고
너무 이상적인 것만 추구

상황
어찌할 바를 모르다
허황된 과장에 넘어감
보고싶은 것만 보고, 듣고 싶은 것만 듣는 상태
꼬임에 빠지는

역방향

현실적이 됨
현실적인 생각
명료해짐
현실을 직시함
이상과 현실을 깨달음

상황
다가온 목적
머릿속에 안개가 걷히는 것과 같은 상황
평정심을 되찾음
자신이 가야 할 방향이 보임

결단
현명한 결정
방향을 정함
좋은 선택

군대의 캠프인 듯 보이는 곳에서 한 남자가 5개의 검을 서둘러 나르고 있고, 다른 사람들은 저 멀리 작게 보인다. 나머지 2개의 검은 아직 캠프에 남아 있다.

이 남자는 까치발을 하고 뒤를 돌아보며 도둑질에 성공한 듯 웃고 있다. 붉은색 모자와 신발은 악의는 없더라도 절제하지 못하고 부도덕한 일을 저지르는 것을 말해주고 있으며, 남자의 머리와 몸의 방향이 반대인 것에서도 그의 생각과 마음이 전혀 다른 방향을 향하고 있으며 모순되어 있다는 것을 알 수 있다.

이 카드는 어떤 상황에서 도망치거나 회피함을 나타내며, 이 카드가 결과로 나온다면 어떻게 하면 도망치지 않고 해결할 수 있는가에 대한 조언 카드를 한 장 더 뽑는 것도 좋다.

정방향

불안정한
불안정한 계획
불안한 자신감
불안한 시도

신중해야 할 상황
신중을 기해야 할 필요성
서두르지 마라
사람도 신중히 알아보고 믿을 것
모든 것을 점검할 필요성

도망가다
귀찮은 일을 회피하다
본인이 한 일에 대한 책임회피

도둑질
도둑질 하게 되다
도난딩하다
별것 아닌 일로 손을 더럽히다

역방향

교활하다
험담
중상모략
이간질

비밀의 폭로

악의를 가진 도둑
사기꾼
숨겨진 내부의 적
믿지 못할 조언
악의를 가지고 일부러 저지른 도둑질

나쁜 의도를 가진 행동
악의를 갖고 일부러 도망가다
나쁜 의도로 회피하다

7 of Pentacles

한 젊은이가 긴 괭이에 턱을 기대고 포도넝쿨을 물끄러미 바라보고 있다. 수확이 가까워진 풍성한 포도넝쿨이다. 포도넝쿨에는 포도 대신 펜타클 6개가 달려 있고 나머지한 개는 발 아래 땅에 있다.

수확한 것이 한 개밖에 안 된다.

그는 포도를 바라보며 어떤 고민에 빠져 있는 듯하다. 아마도 자신의 기대만큼 만족스럽지 않은 열매를 보고 미래에 대해 걱정을 하고 있는 것 같다.

이 카드는 큰 기대 또는 이상에 못 미치는 현실에 대한 불만족을 나타내며, 아직 시작되지도 않은 일에 미리 걱정하고 실망할 필요는 없다는 것을 알려주는 카드이기도 하다.

정방향

이상과 현실의 비교
성취에 대한 불만
높은 기준이 방해가 됨
욕심

보답 받시 못함
노력에 보답 받지 못함
실망
불만

근시안적 생각
눈앞의 이득에만 급급
아직 발생하지 않은 일에 대한 섣부른

걱정

생각
지나친 생각
수확 전의 계획과 점검
일 또는 돈에 대한 고민

역방향

걱정
근심
불안정
조바심
갈망

좋지 않은 성격 또는 행동
경망스런 행동
분별없는
호들갑
돈 걱정에 지나치게 노동에 매달림
너무 계산적

손실
돈을 잃음
현명하지 못한 투자
손해
금전관계에 대한 분쟁

8 of Wands

8개의 막대기가 평화롭게 흐르는 강과 평
야가 보이는 하늘을 날아 그들의 목적지를
향해 매우 빠르게 내려가고 있다. 그 모습
이 무척 날렵하고도 안정되어 보인다.

이 카드와 3 of Swords는 마이너 아르
카나 중에서 인물이 등장하지 않는 단 두
장의 카드이다. 4장의 Ace 카드에는 인물
은 없지만 손이 들어가 있다.

이 카드는 침체기를 벗어나 새롭게 시작
하고 행동을 할 때임을 암시하며, 어디론가
이동하거나 여행을 떠나는 것도 의미한다.

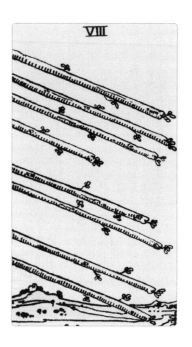

정방향

이동, 행동
이사
활동할 시기
비행기로 여행
어떤 행동을 취해야 할 적기

갑작스러움
갑작스러운 연락
예상치 못했던 여행
우연찮은 인연으로 갑사기 일이 진행되는
놀랄 정도로 일이 갑자기 잘 풀림

빠른
빠른 진행
빠른 에너지 흐름
신속한 처세술

좋은 느낌
대운의 느낌
좋은 관계의 빠른 진행
기회가 찾아옴
좋은 일들이 연이어 다가오다
좋은 소식
새로운 방향성

역방향

늦어지거나 멈춤
지연됨
너무 느린 진행
일이 진행되지 못함
추진하던 일이 깨짐

방향 상실
타이밍을 놓침

쇠퇴
불황
더 이상 발전이 없음
관계가 멀어지다

부정적인 힘
부정적인 힘이 다가옴
좋지 않은 소식
소식이 없음

붉은색 옷을 입은 한 남자가 잘 정돈되어 있는 8개의 컵을 뒤로 한 채 지팡이를 짚은 채 떠나고 있다.

잘 정돈된 8개의 컵은 그가 시간과 노력을 들여 만들어 놓은 것이며, 그는 그것을 버리고 새로운 길을 찾아 떠나는 듯하다. 하지만 그의 붉은색 옷과 붉은색 부츠에서 단지 다른 길을 찾아 떠나는 것일 뿐, 용기와 힘을 잃은 것은 아니라는 것을 알 수 있다.

이 카드의 의미는 실패라고 보기보다는 자신이 버리고 떠나는 것이다.

어둑어둑한 하늘에는 달이 태양 빛을 가리고 있고, 달이 침울한 표정으로 그를 내려다보고 있다. 이것은 겉으로 보이는 것보다는 내면의 진리를 찾으라는 것이며, 달의 하루하루 변화하는 모습에서 변심이라는 의미도 있다.

정방향

관심을 잃다
그만두다
더 이상 노력하지 않음
변심 또는 싫증

새로움
자신에게 맞는 새로운 일을 찾음
새로운 길을 떠남
삶의 변화
이사

떠남
실망
헤어짐
미련 없이 떠남

마음을 비우다
관심을 갖지 않고 마음을 비우다
내면의 진리를 찾아 나서다

역방향

축하할 일
승진
새로운 기회

끝까지 이뤄냄
운이 찾아옴

되돌림
떠난 사랑(또는 우정)이 다시 돌아옴
복귀
좋은 쪽으로의 갑작스러운 반전
감정의 회복
행복이 돌아옴

포기할 줄 모르는
매듭을 짓지 못하는
끝맺음을 할 때를 알지 못하는

눈이 가려지고 손이 뒤로 묶인 여인이 늪지대에 서 있다. 그녀 뒤편으로 벼랑 위의 성이 보인다. 8개의 검이 그녀가 도망가지 못하게 둘러싸며 꽂혀 있다.

그녀는 지금 굉장히 혼란스러운 상태이며, 도와줄 사람도 없는 상태이다. 하지만 그녀의 앞길은 열려 있다. 단지 그녀의 눈이 가려져 있기 때문에 앞으로 갈 수 있는 것을 모를 뿐이다.

눈이 가려 있고 손이 묶여 있어 어디로 어떻게 빠져 나가야 하는지 알지 못하지만 그녀의 앞길은 열려 있다. 그녀의 발도 묶여 있지 않다. 그녀가 마음만 단단히 먹는다면 빠져 나올 수 있는 현실임을 보여 주며, 그녀의 붉은색 옷 색깔은 그녀에게 아직 강한 생명 에너지가 있음을 보여준다.

정방향
위기
속수무책
사면초가 같은 느낌
정체됨
빠져나갈 수 없는

속박
묶여 있음
포로가 됨
구속
선택권 없이 묶여 있는 상황

좋지 않은 건강
질병
정신적인 질병
자신 안에 자기를 가둬버림
마음의 병

두려움
혼란스러움
어찌할 바를 모르는
무력감

역방향
걱정
동요

불안
근심

좋아지는 상황
재생
출구가 보임
해방된 느낌
자유롭게 됨

회복
다시 일어나야겠다는 다짐
마음을 바로잡음
자립심이 생김
자신의 문제를 자각

★★★★★ 8 of Pentacles ★★★★★

한 젊은 도제가 열심히 오각별 모양을 새기
는 일에 집중하고 있다. 옆에 있는 나무 기
둥에는 이미 완성된 5개의 펜타클이 걸려
있는데, 그 크기가 일정하지 않은 것으로
보아 아직 능숙하지 않는 기술공인 듯하다.
　이 카드는 성실하게 같은 모양의 펜타클
을 만들면서 얻는 자신만의 기술과 능력이
미래의 큰 자산이 될 것이라는 의미를 담고
있다.

정방향

미숙한
학생
초보자
예비단계

솜씨
타고난 손재주가 좋은
기술과 사업에서의 뛰어난 솜씨

노력
열심히 하는
부지런한 노력
성실한 자세
시간을 들여 기술을 익힘

기술을 익힘
새로운 기술을 배움
실용적인 것을 배움

역방향

태만
열정이 부족한
행동하지 않는
끈기 없음
노력 부족

자만심
좋은 기술을 가졌지만 허영에 찬
건방진
거만

적당히 일하는
실력은 있지만 열심히 하지 않는

대충하고 넘어가려는
꾀부림
재능을 낭비하는
능력을 전부 발휘하지 않음

힘겨운 싸움을 치룬 한 남자가 머리에 상처를 입은 채 막대기에 기대어 서 있다. 지치긴 했어도 그의 눈빛은 뒤에 서 있는 나머지 8개의 막대기를 지켜낸 것이 뿌듯하다고 말하는 듯하다. 그러나 아직 적의 습격에 마음을 놓지 못하고 있다. 그의 표정은 끝까지 자신의 영역을 지키겠다는 결의에 차 있다.

그의 뒤에 서 있는 8개의 막대기는 아직 건재하다. 이미 힘겨운 일을 잘 겪어 왔고, 잘 지켜 왔다. 하지만 아직은 마음을 놓을 때가 아니다. 어떤 공격이 오더라도 그는 강한 정신력으로 굴하지 않고 대적할 것이다.

이 카드는 무엇을 얻고 지키기 위해서는 그만큼의 노력이 필요하다는 것을 나타낸다.

정방향

기다림
도움을 기다림
기다릴 수밖에 없는 상황

힘
저항할 수 있는 용기
용기 있게 대항하다
강한 정신력
장애를 극복하는 내적인 힘

방어
지키다
잦은 병으로부터 건강을 지키다
경계심을 가지고 적을 기다리다
자신의 것을 지키려 방어적인 자세를 취함

상처
정신적인 상처
마음의 상처
상처 때문에 자신을 오픈하지 않음

역방향

장애
힘든 상황에서 장애가 닥치다

문제가 발생하다
상황이 역행하다
부질없는 저항

좋지 않은 상황
싸움에서 지다
재난이 닥치다
건강을 잃음
기다려도 아무도 도와주지 않음

건강의 적신호
몸이 굉장히 안 좋음
병에 걸림
면역력이 현저히 떨어지다

뚱뚱한 남자가 매우 만족스러운 표정으로 팔짱을 낀 채 나무 의자에 앉아 있다. 그 뒤에는 파란색 천이 덮인 테이블 위에 와인이 가득 담긴 9개의 컵들이 그를 중심으로 가지런히 한 줄로 놓여 있다.

그가 앉아 있는 소박한 나무 의자는 그의 출신 성분이 귀족이 아닌 것을 나타낸다. 그러나 그는 지금 물질적, 정신적으로 매우 풍요롭고 안정된 상태이다. 아마도 혼자의 힘으로 이루어 놓은 풍요일 것이다.

이 카드는 물질적, 정신적 풍요로움을 나타내는 카드이다. 자신이 바라던 모든 것을 완벽하게 손에 넣은 것을 나타낸다. 그리고 전통적으로 소원이 이루어지는 것을 나타내는 카드이기도 하다.

정방향
행운
노력하지 않아도 들어오는 행운
행운이 굴러들어옴
우연히 손에 들어온 행운
부전승

안정
평화로움
물질적 안정
꾸준한 이득
정신적, 육체적 행복

육체적 만족감
모든 의미에서의 즐거움
오감을 통해 즐김
굉장한 충족감

성공
물질적 달성
번영
재운
목적 달성
만족감
원하는 바를 모두 이룸

역방향
불안한 현실
손실
불평, 불만
불완전

잃음
물질적 손실
신용을 잃다
행운이 사라지다
건강을 잃을 수 있는 적신호

좋지 않은 상황
좋지 않은 인간 관계
욕구 불만
열등감
노력 부족이 결과로 드러남

욕심
욕심 부리다 실패
절제하지 못함
쾌락에 빠짐

한 여인이 칠흑 같은 어둠 속에서 홀로 두 손으로 얼굴을 가린 채 침대에서 괴로워하고 있고, 그녀 옆에는 9개의 검이 나란히 걸려 있다.

침대 옆면에는 한 사람이 다른 사람에게 칼로 공격당하는 조각이 새겨져 있다. 이 조각은 그녀의 마음이 얼마나 괴로운가를 보여준다. 그녀가 덮고 있는 이불에는 붉은색 장미와 별자리 그리고 행성들의 기호가 그려져 있는데, 붉은색 장미는 그녀의 생명력을 상징하고 별자리와 행성들은 그녀를 긍정적인 방향으로 안내하고 있다.

여기서 주목해야 할 것은 주인공이 겁에 질려 있지만, 9개의 칼(근심)은 그녀를 위협하거나 건드리고 있지 않다는 것이다.

이 카드는 외면할 수 없는 현실의 두려움이 있지만 그것이 주인공에게 직접적인 영향력을 행사하고 있지는 않다는 것을 의미한다. 마음을 굳게 먹고 대면하면 얼마든지 헤쳐 나갈 수 있으며 지금 현재의 상황이 생각하는 것보다는 별로 심각하지 않다는 것을 보여준다.

내면으로부터 나오는 불안

관계에 대한 아픔
가까운 이에 대한 걱정
가슴 아픈 이별
사랑하는 사람에게 깊은 상처를 받음

정방향
견딜 수 없는 불안
갑작스러운 불안
머리에서 떠나지 않는 불안감
정신적인 고통
정서불안
절망감

슬픈 상황
어찌 해야 할지 모름
가까운 이의 죽음
병에 걸림
슬픔
후회

외로움
처량함
고독
마음의 황폐함

역방향
해결
불안이 해소되고 있는
지금은 힘들지만 해결되고 있는 상태
고뇌가 사라지고 있는

알아차림
무엇이 문제인지 알아차림
자신을 객관적으로 바라보게 됨
마음정리
마음을 굳게 다짐

다시 일어서다
절망과 고뇌로부터 일어서다
자신을 직면하고 바른 길로 나서다
과거를 뒤로 하고 새로운 마음을 먹다

9 of Pentacles

한 여인이 풍성한 포도밭에서 왼손에는 새
한 마리를 얹고 오른손은 물질적 번영을 나
타내는 포도밭의 펜타클에 올려놓은 채 한
가로운 포즈로 서 있다. 손 위의 새는 훈련
된 매인데, 서양 귀족들은 취미로 매를 길
들여 사냥을 즐겼다. 이것으로 그녀가 부유
한 귀족임을 알 수 있다.

그녀는 매의 날카로운 시각과 현명함을
가진 여성이다. 그리고 모든 것을 그녀의
능력과 힘으로 이루어냈다. 혼자 있지만 외
롭지 않다. 오히려 혼자만의 시간을 만끽하
고 있다.

그녀의 발 아래 작은 달팽이가 보인다.
달팽이는 확고한 발판, 안정이라는 키워드
를 가진 상징이다. 이 카드는 물질적인 재
산뿐만 아니라 정서적인 만족을 나타내는
카드이다.

정방향

성공
자신의 실력으로 목표를 달성
꿈의 실현
번영

물질적인 부
부유함
부를 얻음
호사

능력
통찰력
인식력
분별력
자기 확신
자신의 능력으로 기회를 얻음

독립심
혼자만의 안정
자기계발
자유
혼자만의 기쁨

역방향
어려움
결핍
불안정
위험
깨어짐
불신감

당하다
사기
도난
못된 짓

결핍
망하다
가난하게 됨
돈을 잃음

역경
혼자서 가족을 부양하는
무거운 짐을 떠맡음
어려운 일을 감수함
소중한 것을 잃음

10 of Wands

혼자 나르기엔 무거워 보이는 10개의 막대기를 나르고 있는 남자의 뒷모습이 매우 힘겨워 보인다. 앞에는 목적지인 마을이 보이지만 그에게는 멀기만 하다.

비록 얼굴은 보이지 않지만 무거운 짐에 얼굴을 묻고 있는 모습에서 육체적, 정신적 부담감에 매우 힘겨워하는 것이 느껴진다. 그러나 그는 묵묵히 자신의 책임을 다하고 있다.

이 카드는 목적지에 다다르면 누르고 있던 무거운 짐이 곧 제거되고 부담감도 해소될 수 있음을 나타낸다. 하지만 한번쯤은 너무 혼자서 모든 것을 해결하려고 애쓰는 것은 아닐까라는 생각도 해봐야 할 것이다.

정방향

힘듦

상황의 압력

짐을 떠안음

마음의 짐을 짊어짐

자신을 혹사시킴

혼자서 모든 것을 해결해야 하는 부담감

어려움

성취하기 어려움

짐을 벗기 어려움

자신의 능력을 벗어남

능력을 초과한 것을 욕심 내다

노력

성취를 위한 노력

힘들지만 해나가는

유지하려는 노력

압박

성공에 대한 압박감

정신적 중압감

용량초과

역방향

포기

중압감에 포기

지금까지 해온 일을 놓아야 함

강한 외압에 포기하게 됨
한계를 느낌

실패
한꺼번에 하려 해서 좌절함
너무 많은 것들을 하려 해서 실패함
필사적으로 노력하지만 실패로 돌아감

헤어짐
이별
이혼
배신
별거

부부로 보이는 한 쌍의 남녀가 하늘에 떠 있는 무지개 모양으로 빛나는 10개의 컵을 경이롭게 올려다보며 서 있다. 남자의 오른팔은 여자의 허리를 감싸고 있고 남자의 왼팔과 여자의 오른팔은 하늘을 향해 뻗어 있다.

그들의 오른편에는 두 명의 아이들이 서로 손을 마주잡고 즐겁게 뛰놀고 있고 오른편 멀리에는 그들의 집이 보인다.

한 가족이 행복과 즐거움을 함께 나누고 즐기는 행복한 느낌의 카드이다. 10개의 컵과 무지개는 가족의 평화와 안정을 약속해주는 상징이다.

이 카드는 각 수트의 10번 카드들 중에서 가장 큰 행복과 만족을 나타내는 카드이다. 물론 10 of Pentacles도 좋지만 이 카드만큼의 감정적인 만족감은 없다.

정방향
행복
평화
행복과 만족을 넘어선
즐거움
높은 차원의 기쁨

만족
만족한 가정생활
감정적인 만족감
모든 것이 충만하고 평화로운 상태

장소
질문자가 거주하고 있는 곳
고향
전원주택

관계
행복한 연애 또는 결혼
사랑의 완성
미덕
서로 존중하는 관계
행복한 가족

역방향

좋지 않은 상황

분노
폭력적인
분쟁이 일어남
우정 또는 사랑을 잃음

인간 관계의 불화
심한 바람기
불편한 가정생활
가족 간에 무관심함
인간 관계의 문제

관심을 두지 않음
하찮게 여김
시시하게 여김
무관심

장소의 문제
지역사회의 문제
집에 대한 문제

한 남자가 땅에 죽은 듯 엎드려 있고 그 위에 10개의 검이 꽂혀 있다. 앞에 보이는 바다는 평온해 보이며 산 너머에는 새로운 날의 태양이 떠오르고 있다.

주인공은 죽었다. 즉 더 이상 나쁜 상황은 없음을 나타낸다. 또한 멀리 새벽이 밝아오는 것으로 희망이 서서히 다가오고 있음을 알 수 있다. 새벽은 정신적인 구제와 소생을 나타내는 '황금의 시간'이라고 알려져 있다.

이 카드는 극도로 안 좋은 성황이 종료되고 새로운 주기가 시작되었음을 알려준다. 보기에는 섬뜩하고 나쁜 의미의 카드 같지만 그리 나쁘지만은 않은 희망을 주는 카드이다.

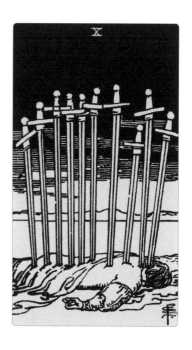

정방향

고통
파멸
불행
처절한 슬픔
피눈물을 흘리다

최악의 결말
결정적인 패배
믿었던 사람으로부터의 배신
갑작스러운 재난

번민
혼란한 정신 상태

완전히 분열된 마음

역방향

치유
깊은 상처를 입었지만 다시 일어남
시간이 치유해줌
선강을 되찾음

개선
바꾸려 노력함
다시 일어나려 애씀
상황이 좋아짐
희망의 빛
과거의 상처에서 벗어나 새롭게 일어서다

성장
정신적인 성장
과거의 고통을 통한 성숙

강아지를 쓰다듬고 있는 부유해 보이는 한 노인 앞에 한 쌍의 남녀가 정겹게 이야기를 나누고 있다. 그들 뒤에는 한 소년이 흰 강아지의 꼬리를 장난스럽게 만지고 있다.

그들의 머리 위 커다란 돌 아치에는 성 그림이 그려진 깃발과 저울이 그려진 깃발이 걸려 있는데 이것은 노인이 지금까지 공명정대하고 성공적인 삶을 살았음을 보여주며, 조상에 의해 얻어진 부와 명성이 지속되고 있음을 알 수 있다.

노인의 옷에 그려진 풍요로움의 상징인 포도 넝쿨 또한 부유함을 이야기해주고 있으며, 두 마리의 흰 강아지가 노인에게 친근감을 표시하고 있는 것은 그를 믿고 따르는 충성스러운 이들이 많다는 것을 나타낸다.

카드 전체에 걸쳐 10개의 펜타클이 생명나무의 형태로 놓여 있고, 전체 타로카드 중에서 가장 완벽한 형태의 모습이다.

이 카드는 물질적, 감정적인 풍요로움과 함께 행복하고 안정적인 단란한 가정을 나타낸다.

정방향
물질적 성공
부
물질적 성공의 최종적 모습
많은 돈을 손에 넣음

얻게 되다
좋은 계약을 하게 되다
상속 재산
좋은 집을 계약함
친척이나 가족들로부터의 도움

명성
사회적 명성
가족의 명예로운 일
한 단계 위로 올라감

역방향

부담
부담되는 가족
부담되는 일 또는 상황
한계를 느낌
세금 문제

좋지 않은 일을 당함
도난
불행한 일
손실
자금운용의 어려움
일의 미완성

가족 간의 불화
상속에 관한 문제
유산싸움
유산을 잃음

★★★★ 코트 카드 리딩 ★★★★

코트 카드 Court Card

78장의 타로카드 중에서 초보자들이 읽기 힘들어하는 카드가 바로 코트 카드일 것이다. 코트 카드는 인물 중심으로 되어 있기 때문에 어떤 상황을 설명할 때 헷갈리기 쉽기 때문이다. 그래서 리딩할 때 결과 카드에 코트 카드가 나오면 한 장을 더 뽑아서 함께 해석한다.

코트 카드를 읽을 때에는 우선 카드의 인물보다는 그 카드가 설명하고자 하는 특성부터 파악하고 기억해 두는 것이 좋다.

코트 카드는 자신 또는 질문과 관련된 인물의 성격이나 사고방식을 설명할 수 있다. 각각의 코트 카드가 설명하는 기본적인 베이스만 기억한다면 보다 쉽게 리딩할 수 있을 것이다.

킹 King (불)
남성적 에너지, 완성, 지혜, 성숙
결말의 최고점 상태
그(녀)의 일에서 최고의 자리에 올라 있는 사람
집권력, 책임자
풍부한 경험
젊어도 생각이 굉장히 성숙한 사람
대략 40세 이상의 남성
여성일 경우에는 남성성이 굉장히 강한 여성
특정인물 지칭

퀸 Queen (물)
여성적 에너지, 안정, 지혜, 성숙
프로젝트나 관계 등이 완성에 가까움
자신감 있고 높은 레벨에 있는 사람
격려, 배려
어머니, 아내, 여자 형제, 연인, 질문과 관계있는 여성
대략 30대 이상의 여성
남성일 경우에는 여성성이 굉장히 강한 남성
특정인물 지칭

나이트 Knight (공기)
남성적 에너지, 활동적, 행동, 여행, 이동
자신을 시험하고 모험을 떠남
자신의 길과 목표를 확실히 알고 있음
어떠한 위험이 있어도 목표를 향해 나아감
내담자의 인생으로 들어온 젊은 남성(또는 남성적인 여성)
어떤 일을 시작하거나 끝내는 선동자
활동적인 시기
대략 20~30대의 남성
여성일 경우엔 남성성 또는 행동력이 넘치는 여성
특정인물 또는 어떤 일이나 상황을 설명

페이지 Page (흙)
어린 사람, 아이, 학생, 연하의 사람
미성숙한 어른, 이해력이 낮은 사람

소식, 대화, 준비
무언가를 시작하거나 배우는 사람
새로운 인생을 위해 준비하는 사람
인물보다는 그 사람의 성숙도를 나타내
는 경우도 있다.
남녀 관계 없이 10~20대
특정인물 또는 행동자세
마음가짐을 나타낸다.

★★★★ Page of Wands ★★★★

페이지는 4종류의 코트 카드들 중에서 가장 어리고 순수하며 미숙한 에너지를 가지고 있다. 하지만 여기에 완드라는 불의 성향이 섞여 열정을 갖고 배우며 진보적이고 미래 지향적인 성향이 가미되었다.

놀기를 좋아할뿐더러 사람을 사귀고 만나는 것도 좋아하여 여러 가지 정보에 빠르다. 하지만 불과 같이 확 타올랐다 사그라지는 성향이 있어 쉽게 흥미를 갖고 덤비지만 또한 쉽게 질려버리는 경향도 있다.

불 성향답게 직관적이고 본능적이어서 눈치가 빠르고 섹시한 구석도 있다. 장난기도 있고 매력적인 캐릭터라 처음엔 쉽게 친해질 수 있지만 불같은 성미라 발끈 했다가도 금세 언제 그랬냐는 듯이 천진난만하게 웃으며 다가오기도 한다. 아직 여러 분야에서 페이지의 미숙함이 드러난다.

한 소년이 자그마한 주황색 깃털이 달린 모자를 쓰고 전체적으로 노란 옷과 신발을 신고 있다. 그는 사막 위에서 두 손으로 긴 막대기를 잡고 찬찬히 훑어보며 서 있다. 어려 보이지만 자신감 넘치는 모습과 옷차림에서 잠재력도 있고 미래에 대한 포부가 큰 것을 느낄 수 있다.

그의 옷에 그려진 샐러맨더는 Knight of Wands의 샐러맨더보다 머리와 꼬리가 더 멀리 떨어져 있다. 이것은 아직 미성숙한 단계임을 보여주며 곧 페이지에서 나이트를 거쳐 킹이 될 때까지의 성장 과정을 나

타낸다.

오른쪽 아래에는 이집트 기자의 피라미드 세 개가 보인다. 이 세 개의 피라미드는 이집트 태양의 신 Ra(라)의 상징이자 더 큰 힘과 에너지 그리고 태양(불)의 힘을 나타낸다.

상징

깃털 : 정보, 직관, 영감
샐러맨더 : 불의 정령
사막 : 불과 같은 성격
3개의 피라미드 : 이집트 태양의 신 라(Ra)
더 큰 힘과 에너지, 태양(불)의 힘

정방향

전달

메신저

교류가 잦아짐

빠른 정보 수집

도움이 되는 정보

중요한 소식의 전달

열정적인

활동적인

모험적인

야심가

대담

넘치는 자신감

호기심

장난기

풍부한 아이디어

성장의 욕구

믿을 수 있는

신뢰할 수 있는

도움이 되는 사람

근면, 성실한 사람

임시 수입

상금

용돈

주식의 성공

역방향

좋지 않은 소식

도움이 안 되는 정보

좋지 않은 소문

속상한 소식

누군가와 연락이 안 되다

지출

예상 밖의 지출

주식 실패

투자 실패

좋지 않은 성격

배려심 없음

성격이 밝지 않은

좋은 사람인 척하는

경솔한

말이 너무 많은

의지할 수 없는 사람

떠벌리고 다니는

Page of Cups ★★★★★

물 성향의 페이지. 4명의 페이지 중 가장 여성적이고 어린아이와 같은 순수함과 유리알 같은 섬세한 영적인 능력도 있어 상대방이나 상황에 대해 예민하게 반응하기도 한다. 상상력도 풍부하고 예민한 데 비해 때론 눈치가 빠르지 못해 남들보다 한 템포 늦게 알아채기도 한다.

대부분 귀여운 이미지를 갖고 있고 사랑스러운 미소의 소유자들이다. 창조성이 뛰어나 예술 방면에도 관심이 많고 새롭고 신기한 것에 금세 흥미를 갖지만 그리 오래가지는 못하는 편이다.

한 미소년이 푸른색 모자와 옷을 입고 오른손에는 황금 컵을 들고 출렁이는 바닷가에 서 있다. 컵에서 얼굴을 내민 파란 물고기와 대화라도 하는 듯 쳐다보고 있다.

그의 모자에 달린 파란색 술은 파도 모양이고 그가 입고 있는 파란색 옷에는 물 원소의 상징인 분홍색 연꽃이 그려져 있다.

영적인 정신세계를 상징하는 물고기와의 만남과 대화는 그가 영적인 능력을 갖고 있다는 것을 의미한다. 또한 지구상의 모든 생명체가 바다에서부터 시작되었듯 컵(자궁)에서 나오는 새로운 생명(아이의 탄생)의 의미도 된다.

그의 옷에 그려진 신성한 힘을 상징하는 조화로운 분홍 연꽃은 그가 다른 차원과의 교신이 가능하고 그가 갖고 있는 신성한 힘을 조화롭게 사용할 수 있는 능력이 있다는

PAGE of CUPS.

것을 의미한다.

상징

물고기 : 영적인 영향, 정신세계, 창조
연꽃 : 우주적 생명의 근원, 신성한 힘
바다 : 깊은 무의식, 우주적 요소

정방향

소식
만족스러운 소식
애정의 전달자
아이 탄생의 소식
임신 소식

영감이 뛰어난
명상을 좋아하는
직관력
예민한
꿈을 잘 꾸는

감정이 풍부한
상처받기 쉬운
마음이 따뜻한
사람들의 기분을 잘 파악하는
예술적인
뛰어난 상상력

인물
예술가
인기 많은 사람
순수하고 사랑스러운 사람
어린아이와 같은
상당히 어린 연하의 이성
비현실적인 사람

역방향
안정되지 못한
너무 미숙한
의존적인
주의력 결핍
사회에 적응하지 못하는
망상에 사로잡힘
영적으로 시달리다

좋지 않은 성격
속임수
나쁜 버릇
아첨하다
우유부단

책임감 없는
피하다
공부를 안 하는
적당히 넘기는
변덕을 부려 일을 그르치다

금전적인 감각이 떨어짐
기분에 따라 돈을 씀
주변인들에게 돈을 구걸
본인의 노력이 아닌 비현실적인 일로 돈
을 벌려 함

Page of Swords ★★★★★

공기 성향의 페이지. 공기 성향이 지닌 호기심과 배움에 대한 욕구가 안정되게 하기 위한 행동이 실용적이고 구체화되어 일어난다. 목적의식이 뚜렷하기 때문에 사람들이 두려워하는 장애물도 목적을 이루기 위해서는 문제 삼지 않는다.

공기 성향이 아직 성숙하지 못해 고집스러운 면도 있어 불만족스러운 상황이 계속 이어지면 본인 위주로 상황을 이끌어 가기 위해 자기중심적으로 무례하게 굴 수도 있다.

비장한 표정의 소년이 언덕 위에서 두 손에 검을 높이 쥐고 어딘가에서 불쑥 나타날 적들을 경계하는 듯이 뒤를 돌아보고 있다. 어디서 무슨 일이 생기면 당장이라도 달려갈 것 같은 자세이다. 그는 자주색의 옷을 입고 붉은색 부츠를 신고 있다. 이것은 그가 충만한 에너지로 자신이 필요한 곳이면 어디든지 달려간다는 의지를 나타낸다.

그가 서 있는 곳은 지형이 험하다. 그의 머리칼과 뒤에 보이는 나무는 바람에 휘날리고 있고 하늘엔 새떼가 어디론가 날아가고 있다. 이러한 험한 상황 속에서도 그는 용기를 잃지 않고 용감하게 버티고 있다.

하지만 그의 얼굴과 몸이 서로 반대 방향을 향하고 있다. 이는 그의 생각과 행동이 일치하지 않음을 나타내며 이로 인해 사람들에게 신임을 받지 못할 수도 있고, 말과 행동이 다를 수도 있다는 것을 말해준다.

상징

새 : 공기의 상징

편백나무 : 지혜

정방향

경계

조심

단속하다

경계심이 많다

방심해선 안 될 사람

성격

주도면밀

빈틈없음

많은 생각
뚜렷한 목적의식

활동적인
민첩함
공격적인
뒤에서 발 빠르게 움직임

능력
계획적
명석함
현실을 직시함
냉정한 판단력
뛰어난 분석력

역방향
배신
악의 있는 행동
정보를 악용하다
비밀을 폭로하다
배신하거나 배신당함

좋지 않은 성격
자기중심적
냉담하고 이기적
남에게 피해를 주는
무례한
호전적인

비열한
뒤에서 험담하는
약자에게 강하고 강자에게 약한
계산적이고 약삭빠름

좋지 않은 상황
병에 걸릴 가능성
신경과민, 신경통
불쾌한 상황

Page of Pentacles

흙 성향의 페이지. 꾸준하고 실용적인 흙 성향의 대표 주자이다. 경험과 현실적인 논리를 바탕으로 한 실용주의자인 그에게 공상이나 비현실적인 것들은 있을 수 없는 일이다. 정신적인 것보다 물질적인 것들에 중심을 두고 우연히 얻어지는 행운보다는 자신의 꾸준한 노력으로 얻는 결과에 대해 만족한다.

무슨 일을 하건 안전을 최우선으로 생각하기 때문에 시작하는 데 시간이 오래 걸리지만 멀고 험한 길도 굴하지 않고 꾸준히 간다. 하지만 너무 조심스럽게 진행하다 보면 시간이 지체되어 좋은 기회를 놓치는 수도 있다.

현실적이기 때문에 사회생활에서 능력 없는 사람들을 무시하는 경향이 있고 물질적인 성공에만 집착할 수 있다.

드넓은 초원 한복판에 초록색 옷과 붉은색 모자를 쓴 젊은이가 두 손에 펜타클을 받쳐 들고 서 있다. 뒤에 보이는 나무와 풀밭은 풍성해 보이고 그 뒤로 보이는 산은 평탄하다. 이것으로 우리는 그가 풍요로운 삶을 살고 있고 아직은 험난한 시련을 겪지 않은 것을 알 수 있다.

그는 펜타클을 두 손으로 정성스럽게 받들고 있으며 흡족한 표정으로 쳐다보고 있다. 펜타클은 물질적인 풍요로움을 나타내는데 그것을 받들고 있다는 것은 실용적이고 물질적인 것을 동경한다는 것을 말해준다.

상징

붉은색 모자 : 머리로 끊임없이 생각함, 에너지와 열정
초록색 옷 : 성장과 경제적인 안정
초원 : 풍요로운 환경

정방향

인물
성공과 기회의 전달자
젊은이
학생
연구원

성격
신중함
보수적
검소함
공부에 전념하는
꾸준히 노력하는
조심성

능력
강한 집중력
적용하는 능력
솜씨 좋은
뚜렷한 목표의식

실용적인
물질적 가치를 존중함
전문적인 지식을 익힘
새로운 기술을 배움

역방향
좋지 않은 상황
발전이 없음
기회를 놓치다
드러난 사실을 보지 못함
불확실한 상황

생각 없는
방탕한 생활
계획이 없는
비현실적인 생각

적당히 불성실하게 하는
지각이나 결근이 잦은
건강에는 관심 없는

좋지 않은 성격
위반하는
반항하는
게으른
거짓말로 얼버무리는
진지하지 않은

Knight of Wands

★★★★★ **Knight of Wands** ★★★★★

말을 타고 달리고 있는 에너지 넘치는 젊은이에게 불 성향이 합쳐져 주변의 것들을 모두 태우고도 남는다. 성격도 급하고 급하다. 어떤 결정을 내리고 그것을 그 자리에서 해결하지 못하면 잠을 못 잘 정도로 성급하지만 한편으로는 추진력이 강하다.

사랑도 마찬가지고 일도 마찬가지다. 모든 것이 속전속결이다. 그러므로 이러한 사람은 강한 의지력으로 추진력은 좋지만 일의 마무리는 약할 수 있다.

막 박차고 달리려는 말 위에 한 젊은이가 앉아 있다. 그는 불꽃 모양의 주황색 깃털이 머리에 달린 갑옷을 입고 오른손에는 완드를 쥐고 있다. 갑옷 위에 불의 정령인 샐러맨더가 그려진 노란색 옷을 입고 있다. 여기서 불꽃 모양의 주황색 깃털은 행동이 따르는 용기를 상징한다.

Page of wands의 모자에 달려 있는 작은 깃털이 한층 성숙해진 모습이다.

박차고 달리는 말의 모습과 짧은 길이의 완드에서 그의 빠른 행동력과 의지력을 볼 수 있다.

King of Wands에서의 샐러맨더는 머리와 꼬리가 완전히 닿아 완벽한 원을 그리고 있지만 이 카드에서는 머리와 꼬리가 조금 못 미치고 있다. 아직은 미성숙한 단계라고 볼 수 있다.

말의 고삐에는 완드의 잎사귀가 그려져 있고 그의 뒤로 물이 메말라버린 사막과 세개의 피라미드가 보인다.

상징

달리는 말 : 넘치는 생명력, 동력화하는

갑옷 : 보호, 기사도 정신

붉은색 깃털 : 용기, 직관, 영감

샐러맨더 : 불의 정령

사막 : 불과 같은 성격

3개의 피라미드 : 이집트 태양의신 라(Ra)

더 큰 힘과 에너지, 태양(불)의 힘

정방향

이동

이사

여행
전근
전학

도전적인
미지의 세계로의 출발
돌진하는
정면승부
뛰어난 개척정신
직관을 바로 행동으로 옮겨 성공
여행과 모험을 즐기는

성격, 능력
리더십
강한 의지력
정열적
자신감

매력
섹시함
육체적인 매력

역방향
멀어지는 관계
싸움
오해
냉담
사이가 갑자기 벌어짐
갑작스런 이별
불화

다른 사람의 방해 또는 이간질

실패
갑작스러운 일의 중단
갑자기 큰돈이 나감
갑작스러운 해고

좋지 않은 성격
제멋대로 하다가 실패
반항적인
심한 질투
갑자기 폭발하는 성격
충동적

***** Knight of Cups *****

혈기왕성한 젊은이와 다정다감한 물이 만났다. 물의 성향이 타고난 에너지를 조절해주기 때문에 이러한 조합은 여자들이 꿈꾸는 백마 탄 왕자님을 떠올리게 한다.

하지만 이 경우 물의 성향이 좀더 두드러진다. 다시 말해서 열정적이고 급진적인 것보다는 차분하고 감성적인 면이 우세하다는 것이다. 물론 기본적인 정열과 패기는 있지만 전체적인 흐름으로 봤을 때는 물의 성향이 강하다.

그는 상냥하고 로맨틱하며 부드럽고 예의 바르고 잘생긴 청년이다. 남성적이기보다 여성적인 면이 두드러지고 이성적이기보다 감성적이어서 분위기 파악도 잘하고 인간관계도 좋다. 하지만 감정적인 부분이 민감하여 쉽게 질투하고 지나치게 감상적이 되거나 자제력이 부족한 면도 있다.

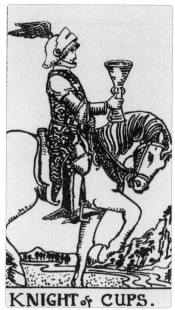

잘생긴 젊은이가 갑옷을 입고 그 위에 물고기 그림이 그려진 옷을 걸치고 백마를 타고 천천히 걸어가고 있다. 그는 갑옷을 입었지만 온화하고 귀족적인 분위기를 풍기고 전투적으로 보이지는 않는다.

그가 쓰고 있는 갑옷의 머리 부분과 발뒤꿈치 부분에는 날개가 달려 있다. 그것은 마치 헤르메스가 갖고 있는 페타소스라는 날개 달린 모자와 탈라리아라는 날개 달린 샌들처럼 생겼다. 여기서 날개는 바람과 같은 자유로움을 나타내는데 이는 이 기사의 자유로운 생각과 행동을 헤르메스에 비유

하여 표현한 것이다.

4개의 나이트 카드 중에 유일하게 배경에 강이 흐르고 있다.

상징

걷고 있는 백마 : 고귀함, 순수한 자연과 자신의 힘

갑옷 : 보호, 기사도 정신

페타소스와 탈라리아 : 신들의 은총에 의한 높은 정신상태, 빠른 두뇌회전과 가벼운 몸놀림

물고기 : 영적인 영향, 정신세계

강 : 생명의 힘의 흐름

정방향

인물
핸섬한 남자
매력적
상냥하고 좋은 사람
로맨티스트

만남, 시작
새로운 만남
도움이 되는 좋은 파트너와의 만남
멋진 남성이 다가옴
마음이 담긴 선물을 받음

받다, 하다
제의
초대
청혼
기회
금전적 지원
좋은 일거리가 들어옴

관계
좋은 관계
결혼
약혼

역방향

좋지 않은 사람
이중적인 사람
교활한

간사한
속이는 데 능숙한
음흉한
진심 없이 겉으로만 보여주는
믿을 수 없는 사람

좋지 않은 성격
자제력이 부족한
너무 감정적인
질투심이 강한

관계
금방 식어버리는 관계
외관상의 사랑
쉽게 질리는
사랑하는 척하는
멀어지는
두 사람 사이에 방해하는 사람이 생김

좋지 않은 상황
지연
유혹에 넘어감
믿지 못할 나쁜 소식
중요한 협력자가 사라짐

★★★★ Knight of Swords ★★★★

에너지 넘치는 이 젊은이는 공기 성향을 지녔다. Knight of Swords는 젊은 패기가 들끓는 정열적인 청년의 성격과 유동적이면서 행동이 앞서는 나이트의 성격과 소드의 공기의 극단적인 성향을 그대로 갖고 있다.

원래 공기의 성향은 끊임없이 생각하지만 정작 행동으로 옮기는 건 재빠르지 않다. 하지만 이 경우는 생각도 빠르고 행동 또한 그에 못지않다. 한번 '이거다'라는 생각이 들면 그 자리에서 해결을 보고 답을 얻고야 마는 급한 성격의 소유자이다.

공기 성향이라 머리 회전이 빠르지만 다시 한번 되짚어 보지 않고 행동에 옮겨 주위 사람들로부터 경솔하다거나 무례하다는 판단을 들을 수도 있다. 여러 가지 정보 입수를 잘 하고 박식하지만 자신이 항상 옳다고 믿는 부분도 있다. 논리적이지만 솔직하고 직설적으로 말을 내뱉는 경우가 많다. 그러한 이유로 사람을 잃는 경우도 있다.

백마를 탄 젊은이가 머리 부분에 붉은색 깃털이 달린 갑옷을 입고 하늘 높이 검을 든 채 바람과 같이 달리고 있다. 백마의 고삐에는 새의 모양이 그려져 있고, 목의 장식에는 역시 공기의 상징인 나비와 새의 모양이 그려져 있다.

4개의 나이트 카드들 중에서 말을 가장 빠르게 몰고 달리는 것이 바로 이 Knight of Swords이다. 검을 높이 치켜들고서 바

KNIGHT of SWORDS .

람을 가르고 쏜살같이 어디론가 돌진해 가는 듯한 그의 모습에서 Knight of Cups의 정적인 모습과는 정반대의 돌격하는 기사의 에너지를 느낄 수 있다.

카드 전체에서 강풍이 세차게 불어 구름과 나무가 흩어지고 전속력으로 달리는 말과 기사가 모두 조금은 흥분한 상대이며, 감정이 흔들리고 있다는 것을 알 수 있다. 하지만 그는 강한 신념과 의지를 가지고 용감하게 전진하는 리더이다.

그는 갑옷 위에 붉은색 바탕에 파란색 새가 그려진 옷을 입고 있고 그 위에 붉은색 망토를 휘날리고 있다. 붉은색은 넘치는 에너지를, 파란색 새는 공기 원소의 성향을

의미한다.

상징

돌진하는 백마 : 생명력, 용맹함

갑옷 : 보호, 기사도 정신

깃털 : 바람, 자유로움

나비 : 불멸성, 변형, 부활

새 : 공기의 원소

편백나무 : 지혜

정방향

용감

용맹한

대담한

두려움을 모르고 전진

어려움이 닥쳐도 굴하지 않고 정면승부

장애와 도전을 당당하게 받아들이는

성공적인 비즈니스

전력투구로 성과를 올림

협상이 유리하게 전개

강하게 밀어붙여 성공

투자의 큰 성공

능력, 매력

냉소적 카리스마

매력적

예리함

박식

논리적

숙련된

역방향

성급함

생각 없이 행동하다

충동적인 실수

맹목적으로 돌진하여 실수

경솔한 행동

좋지 않은 성격

무례한

강요하는

항상 자신의 생각이 옳다고 믿는

건방진

폭력적인

금전적 실패

투자 실패

충동구매의 타격

타이밍이 너무 빨라 실패

Knight of Pentacles

나이트가 흙의 성향을 띠는 것은 한창 피가 끓어오를 만한 젊은이인데도 불구하고 흙의 성향을 받아 꾸준하고 참을성 많고 계획대로 실천하는 철저하고 신용할 수 있는 사람이란 것을 의미한다. 그래도 그의 깊은 곳에는 야망이 있고 정열도 있다.

철저하고 조심성도 많아 세부적인 것들까지 세세히 챙기는 꼼꼼한 면이 있지만 큰 일 앞에서는 용감하게 맞서 돌파하지 못하는 소심한 면도 있다.

한번 결심한 일은 반드시 해내야 하고, 지킬 수 없는 말은 함부로 내뱉지 않는다. 사람들과 쉽게 친해지지는 못하지만 한 번 인연을 맺으면 꾸준히 오래가는 믿을 수 있는 사람들이 많다. 또한 대개 정이 많다. 이런 사람은 큰 그룹을 이끄는 리더보다는 그 안에서 실무를 맡는 참모가 적격이다.

고르게 다져진 비옥한 땅에 듬직하게 우뚝 서 있는 흑마 위에 한 젊은이가 갑옷을 입고 오른손엔 펜타클을 들고 앉아 있다.

갑옷의 머리 부분과 말 머리에는 성장을 상징하는 나뭇잎 모양의 술이 달려 있다. 갑옷 위로 갈색 옷을 입고 있으며 말의 안장과 고삐도 모두 흙의 색깔과 같은 붉은색 갈색이다. 나뭇잎과 갈색은 자연친화적인 성격을 나타내는데 특히 갈색은 안전하면서도 강한 힘을 상징한다.

붉은 갈색 땅은 씨를 뿌리면 금방이라도 곡식이 자랄 수 있을 것처럼 비옥하게 보인

다. 이것은 그가 성장할 수 있는 모든 조건이 갖추어졌다는 것을 보여준다.

상징
갑옷 : 보호, 방어적
서 있는 흑마 : 강한 인내력, 서두르지 않음
나뭇잎 : 성장
비옥한 땅 : 모든 조건이 갖춰져 있음

정방향
믿음직한
정직한
부지런히 일하는
책임감 있는

계획성 있는
고지식한
확실한

신중한
주의 깊은
사려 깊은
조심성 있는

인내
참을성 많은
불굴의 정신
끝까지 최선을 다하는

차분함
성급하지 않고 계획대로 진행하는
천천히 즐기는
동요되지 않는

귀족적인
명예를 중시하는
상류층의

역방향
침체
불경기
동기 부족
활발하지 못한
무기력

신뢰할 수 없는
불확실한
경솔한
믿지 못할 사람

나태
열심히 하지 않는
빈둥거림
노는 데 빠져버린

좋지 않은 성격
속 좁은
독선적인
사치하는
버릇없는
경솔한

★★★★★ Queen of Wands ★★★★★

불 성향의 여왕이다. 기본적으로 감성적인 사람이 불과 같은 정열적인 성질을 갖고 있다는 것이다. King of Wands와 성격은 비슷하지만 이 퀸은 킹보다 더 정겹고 깊으면서도 충만한 성격을 가진다.

불의 영향을 받아 그녀는 창조적이고 생기발랄하며 자기확신이 분명하고 열정적이다. 이와 더불어 주위의 모든 것들을 배려하고 챙길 줄 아는, 한 마디로 여러 방면에서 다재다능한 팔방미인인 것이다.

여왕이 태양의 상징인 사자와 해바라기가 그려진 왕좌에 앉아 오른손엔 지팡이를, 왼손엔 기쁨의 상징인 해바라기를 들고 있다.

King of Wands에는 해바라기는 없다. 해바라기가 상징하는 것 중에 '추종자'가 있는데 퀸이 킹의 추종자라는 1900년대의 남성 우월적 상징으로 해석할 수 있다. 또는 그녀가 King of Wands보다 더 생기발랄하고 그녀를 따르는 추종자가 더 많다라는 뜻으로도 해석할 수 있다.

왕좌의 등받이 부분은 King of Wands와 같이 위로 곧게 뻗어 있으며 팔걸이 부분 밑에는 불, 그리고 힘과 의지의 상징인 사자가 새겨져 있다. 여기서 우리는 그녀가 남성 못지않은 파워와 용기의 소유자라는 것과 성격 또한 강직하고 명료함을 알 수 있다.

여왕은 황금빛 옷에 회색 망토를 걸치고

있는데 이것은 그녀가 카리스마 넘치고 매력적이면서도 다른 이들과 균형을 맞출 줄 아는 지혜로운 여왕이라는 것을 나타낸다.

여왕 앞에 검은 고양이가 당당하게 앉아 있다. 이것은 그녀의 비밀스러운 사자, 그녀의 영민함을 상징하거나 또는 여왕의 부정적인 면을 나타내기도 한다. 퀸 카드들 중 정면으로 앉아 있는 단 하나의 카드이기도 한데 이것은 그녀의 당당하고도 적극적인 면을 상징한다.

상징

왕좌 : 권위의 자리, 등받이가 위로 곧게 뻗은 모양은 직선적, 남성적이고 단호한

성격

3개의 피라미드 : 이집트 태양의신 라(Ra)
더 큰 힘과 에너지, 태양(불)의 힘
황금빛 왕관 : 권위의 상징, 태양의 힘
해바라기 : 태양의 상징, 추종자, 기쁨, 빛
나는 에너지
사자 : 용기, 힘, 왕의 신분, 보호의 힘
검은 고양이 : 신비로움, 관능, 예민함, 교
활함

정방향

능력 있는
선견지명
달변
자신감
당당함
언제나 의지할 수 있는 대모

활동적인
커리어 우먼
야심가
사회활동
운동을 좋아하는

매력
파티나 모임에서 관심의 대상
섹시한 매력
어디를 가도 사람들이 좋아함
따뜻하면서 즐겁고 명랑한

역방향

믿을 수 없는
교묘하게 조종하려는
속임수
거짓말
배신

불같은 성격
반드시 이겨야 직성이 풀리는
반드시 복수하고야 마는
굉장히 감정적인
원한이 깊은

좋지 않은 성격
오만방자한
자기중심적이고 고집이 센
탐욕
제멋대로인
지배적인

✦✦✦✦✦ Queen of Cups ✦✦✦✦✦

여왕이 물을 만났으니 물 중의 물이다. 다시 말하면 음적인 에너지와 감정적인 것이 두 배가 된다.

가끔 이런 부류의 사람들과 대화를 나눌 때 이들을 잘 이해하지 못하는 경우가 있다. 불의 성향처럼 딱 부러지게 단도직입적으로 말하는 것이 아니라 자신의 감정을 심도 있으면서 모호한 단어로 표현하기 때문이다.

이러한 사람들은 감정의 기복이 심하고 무척 예민하며 무의식이 잘 발달했기 때문에 한번 상처를 받으면 치유될 때까지 오랜 시간이 걸린다. 따라서 우울증에 걸릴 확률도 높다. 하지만 이들은 다른 사람들이 느낄 수 없는 심오한 경지까지 다다를 수 있으며 고차원적인 정신세계로의 여행도 가능하다.

개인적으로는 따뜻하고 예술적이며 아름다운 것을 좋아하는 감수성이 예민한 여성적인 성격이다. 그래서 사람들과 쉽게 교감이 가능하다. 그러나 사회적으로는 맺고 끊는 것을 잘 하지 못해 자칫 잘못하면 오해를 불러일으킬 수도 있다.

아치형의 등받이와 팔걸이에 아기 인어가 새겨진 왕좌에 아름다운 여왕이 앉아 있다. 그녀는 황금빛 왕관을 쓰고 흰 가운과 푸른색과 흰색이 조화를 이룬 파도를 연상시키는 망토에 조가비 모양의 브로치를 달고 양손에 화려하게 장식된 컵을 받쳐 들고

조용히 앉아 있다.

78장의 카드 중 가장 화려하면서 뚜껑이 닫혀 있는 컵은 유일하게 이 카드에만 등장한다.

이 컵의 손잡이 양옆에는 천계의 성스러운 물건이나 장소를 수호하는 천사계급인 게루빔이 있다.

그리고 모래 위에 있는 그녀의 왕좌 역시 파도가 한번 치면 금방이라도 쓰러질 듯 위험하다. 이것 역시 그녀가 감정의 파도에 따라 굉장히 불안정하게 될 수 있음을 나타낸다.

그녀는 해안가 가까이 앉아 있어 그녀의 옷자락 한쪽이 바닷물과 닿아 있다. 이것은

그녀의 감정의 깊이가 바다처럼 깊다는 것을 말해준다.

뚜껑이 닫혀 있는 컵은 그녀의 본심을 쉽사리 다른 이들에게 보이지 않는다는 것을 뜻하고 그녀가 무의식과 깊은 연관이 있음을 보여준다.

상징

케루빔 : 신성한 물건이나 장소를 지키는 호위 천사

왕좌 : 권위와 자리

황금빛 왕관 : 권위의 상징, 태양의 힘

인어 : 무의식, 여성적인 아름다움, 허영과 변덕

조가비 : 순수한 여성원리의 상징, 생산

바다 : 생명의 힘의 흐름, 깊은 무의식

정방향

예민한 감수성

뛰어난 직감

통찰력

감정의 세계에 몰두하는

뛰어난 힐링 능력

꿈이 잘 맞는

인물

헌신적인 아내, 엄마

아름다운 여성

친절하고 부드러운 사람

타인과 공감을 잘 하는 사람

따뜻하고 우아한

비즈니스

여성들의 도움

서비스업

여성 관련 일에서의 성공

예술과 문학 등의 일에 좋음

역방향

좋지 않은 성격

짜증

정서불안

신경질적인

의존성이 강한

제멋대로인

망상에 빠지기 쉬운

감정의 기복이 너무 커 맞추기 어려운

바르지 못한

공과 사를 구별하지 못하는

부도덕한

삐뚤어진 시각과 사고방식

의심 많은

좋지 못한 관계

의부증, 의처증

서로 의심하는

사랑 없는 관계

여성의 방해

Queen of Swords

★ ★ ★ ★ ★ **Queen of Swords** ★ ★ ★ ★ ★

공기 성향의 여왕이다. 공기는 초연하여 다른 사람들의 감정에 휩쓸리는 것을 탐탁지 않게 생각한다. 반면 물은 공기의 덧없는 자유로움을 이해하지 못한다. 이들이 서로 균형 있게 조합이 된다면 감정과 이성이 멋지게 조화될 것이다. 즉 지혜롭고 지적인 의식과 깊고 무한한 무의식을 함께 갖춘 완벽한 사람이 될 수 있다.

하지만 조화를 이루지 못할 경우엔 생각과 마음이 일치되지 않고 서로 극과 극을 오가게 되므로 이성적이다 못해 냉소적이 되거나, 감성적이다 못해 복수심에 불타는 등의 부정적인 결과를 초래할 수 있다.

맑은 하늘에 길을 잃은 듯 외로워 보이는 새 한 마리가 날아가고 있다. 언덕 위 왕좌에 앉아 있는 여왕은 공기의 상징인 나비 모양의 금빛 왕관을 쓰고 있다. 그녀가 앉아 있는 왕좌와 팔걸이에는 케루빔과 나비 그리고 초승달 모양이 새겨져 있다.

이 왕좌의 팔걸이 양쪽에 있는 케루빔은 두 가지의 형태로 모두 세 개가 있다. 하나는 가운데 보이는 이기천시의 날개이고, 나머지 둘은 왕좌의 양쪽 다리에서 왕좌를 받들고 있다. 모든 카드들 중에서 케루빔이 가장 강조된 카드이다. 이것으로 지식과 지혜가 가장 풍부한 이가 Queen of Swords라고 할 수 있겠다.

King of Swords에는 케루빔이 왕관 중앙에 있는데 이것은 그 사람의 지위와 판단

에 대한 면을 나타낸다. 그러나 이 카드에서는 기본적으로 지혜와 지식을 겸비한 상태에서 나비 왕관이 표현하는 자유로운 마음으로 교류하는 것을 나타낸다.

그녀의 오른손은 여왕의 위엄을 나타내는 듯 긴 검을 하늘을 향해 반듯하게 쥐고서 왕좌의 팔걸이에 올려놓았다. 왼손은 마치 무언가를 베푸는 듯한 모양으로 뻗어 있다. 여왕은 하얀 가운을 걸치고 공기 원소를 나타내는 파란 하늘과 구름 모양이 그려진 망토를 두르고 있다.

상징

왕좌 : 권위의 자리

편백나무 : 지혜
케루빔 : 지식과 지혜의 에너지
황금빛 왕관 : 권위의 상징, 태양의 힘
새 : 공기 원소의 상징
나비 : 자유, 변형의 에너지

정방향
인물
미망인
이혼한 사람
슬픔을 억누르고 있는 사람
차갑고 강인한 여성

관계
별거
이혼
이별

강한 성격
불굴의 의지
강한 집중력
냉철한
독립심
결단력
정에 연연하지 않음

곧고 날카로운
직선적
신중한
눈치 빠른

합리적이고 당당한

역방향
좋지 못한 성격
고집불통
편협한 생각
속이 좁은

부정적
좋지 못한 속셈이 있는
지나치게 비판적인
악의가 있는
경계심이 매우 강한
날카로운 말로 상처를 주는

믿지 못할
교활한
배신하는
이용하는

✶ ✶ ✶ ✶ ✶ Queen of Pentacles ✶ ✶ ✶ ✶ ✶

흙 성향의 여왕이다. 흙의 성향과 여왕 자체의 성향 모두 음적인 성향이라 전진하여 넓히기보다는 머무르면서 깊이를 더하는 것에 신중을 기하고, 보호하고 유지하는 데 중점을 둔다. 항상 과묵하고 맡은바 일을 열심히 하며 넓은 대지처럼 마음이 관대하고 잘 보살피고 따뜻하다.

꾸준한 면이 있어 재산을 잘 모으지만 사랑하는 이들을 보살피기 위해서는 많은 돈도 아끼지 않는다.

대지에 단비가 내리면 풀과 나무들이 잘 자라서 풍요로워지듯, 흙의 성향과 물 성향의 여왕은 서로 잘 맞는다. 하지만 둘 중 하나가 과하게 되면 물이 너무 많아 늪이 돼 버리거나 물이 너무 모자라 땅이 갈라지고 메마르게 되어 불안정하고 쓸모없는 황무지가 돼버리는 수도 있다.

풍성한 자연 속에서 황금빛 왕관에 초록색 베일을 쓴 여왕이 왕좌에 앉아 있다. 그녀는 하얀 바탕에 붉은색 옷을 입은 채 무릎 위의 펜타클을 두 손으로 잡고 있다. 그녀가 앉아 있는 왕좌에는 천사, 염소와 과일이 새겨져 있다. 염소와 과일은 다산과 풍요의 상징이다.

번식을 상징하는 염소의 머리 바로 아래쪽 옆에 한 아이가 어머니의 태중에 있는 포즈의 그림이 새겨져 있다. 그녀를 둘러싼 주위의 비옥한 땅에는 비옥과 다산의 상징인 토끼 한 마리가 숲 속에서 뛰어 나오고 있다.

그녀의 머리 위에는 붉은색 꽃이 만발한 풍요로운 넝쿨이 아치형으로 둘러싸고 있다.

상징

왕좌 : 권위의 자리, 안정

케루빔 : 지식과 지혜

황금빛 왕관 : 권위의 상징, 태양의 힘

넝쿨 : 풍요

염소 : 번식력

토끼 : 비옥, 다산

정방향

인물

재력가

헌신적인 아내

가정적인 어머니

베풀고 봉사하는 사람

번영

부유함

풍부함

번창하는

좋은 성격

자비로운

인내력

마음이 넓은

이해심 많은

동정심 많은

높은 수입

고수익

높고 안정된 수입

꾸준히 높아지는 수익

역방향

좋지 않은 건강

만성피로

운동 부족

활기 없음

자신감 없는

의지박약

자기확신이 없는

자립할 수 없는

부족한 자주성

자기 능력에 대한 불신감

허영심

쇼핑 중독

사치하는

둔한 금전감각

좋지 않은 성격

너무 보수적인

경계심이 많은

행동하지 않는

★★★★★ King of Wands ★★★★★

불의 성향을 가진 왕이다. 불의 에너지를 가장 성숙하고 멋지게 사용한다는 뜻이다. 불은 직관을 나타내며 활동적인 양의 에너지인데, 이러한 양의 에너지가 굉장히 강한 카드이다.

불의 에너지를 지적으로 표현한다고 생각하면 된다. 다시 말하면 불은 무사인데 무사가 무조건 돌격하는 것이 아니라 지적으로 생각하고 작전을 짜면서 공격하고 방어하는 상황인 것이다.

불이지만 성숙한 에너지 덕분에 평소에는 불같은 공격성을 잠재울 수 있지만, 한 번 마음먹으면 불이 온 사방으로 번지듯 걷잡을 수 없는 무서운 성격이다.

창조의 상징인 완드를 손에 든 왕이 샐러맨더와 사자가 그려진 황금빛 왕좌에 앉아 있다. 그의 왕좌는 사막 위에 있는데, 흙 에너지와 하나가 되어 단단한 안정감을 준다. 그는 샐러맨더가 수놓아진 황금빛 망토를 입고 불의 형상을 한 왕관을 쓰고 사자 머리 모양의 황금 목걸이를 하고 있다.

이 꼬리를 물고 있는 샐러맨더는 영원을 상징하고 장애물을 뛰어넘어 전진하는 그의 파워를 나타낸다. 왕이 걸친 망토의 오른쪽 아래를 보면 드래곤 한 마리가 왕과 같은 곳을 보며 앉아 있는 듯한 형상이 보인다. 왕의 왼쪽 팔꿈치 근처에 드래곤의 머리가 있고 망토의 선을 따라 몸통이 있으며, 망토 오른쪽 끝자락에 꼬리와 다리가 있다. 이는 왕의 근엄함과 위엄 그리고 강력한 힘을 나타낸다.

그의 발밑에는 샐러맨더 한 마리가 왕을 향해 앉아 있다. 불의 정령인 이 샐러맨더는 왕의 충성스러운 부하이자 지지자이다.

앞에 나온 Page, Knight, Queen of Wands에서는 모두 세 개의 피라미드가 있었는데 이 카드엔 없다. 그것은 King of Wands가 태양(불)의 힘 그 자체를 나타내기 때문이다.

상징

사자 : 용기, 힘, 왕의 신분, 보호의 힘
샐러맨더 : 불의 정령

왕좌 : 권위의 자리, 안정, 등받이가 위로 곧게 뻗은 모양은 직선적, 남성적이고 단호한 성격을 나타냄

황금빛 왕관 : 권위의 상징, 태양의 힘

드래곤 : 심원한 지혜로의 안내자, 충성심, 지혜

정방향

지도력

강인한 지도지

한 집단의 리더

자신을 이끌 수 있는 지도자를 만남

모든 이들을 잘 이끌어감

불같은 카리스마

지적인

직관력이 뛰어나고 머리가 비상한

온화하지만 이성적인 사람

냉철하지만 열정적인

생각이 깊은

확신을 주는

영감을 주는

창조적인

혁신적인 창조

새로운 전략

창조력

창의력

인물

이미 결혼한 사람

위엄 있는 사람

믿을 수 있는 상사

역방향

독단적인

남의 말을 안 듣는

독불장군

편중된 사고

뭐든지 지배하려는 욕구

상황이나 사람에 대해 바로 단정 지음

파괴적인 태도

엄함

무서울 정도로 엄격한

너무 완고하여 타협이 불가능한

주변 사람들을 위축시키는 파괴적 태도

싸움

언쟁

감정싸움으로 잘 풀리지 않음

자기 주장만 내세우고 굽히지 않음

***** King of Cups *****

성숙하고 지적인 왕이 감정적인 물의 성향을 띤다. 이러한 사람들은 다른 사람들과의 관계나 자신을 표현하는 데 있어 간접적이면서 예의 바르고 정중하다. 다시 말해서 예의 바른 신사를 떠올리게 하는 인물이다.

물의 감정적인 면을 잘 승화시켜 화를 낼 만한 자리에서도 끝까지 정중하게 자신의 의견을 표명한다. 왕좌의 모양도 다른 왕들과는 달리 등받이가 둥글고 푹신한 소파와 같다. 각 카드의 왕좌는 그 수트의 왕들의 성격을 잘 보여준다.

남을 이끌어 도움을 주는 것을 좋아하기도 하지만 상대방이 도를 넘는다고 생각될 경우에는 한순간 냉소적으로 변하기도 한다. 하지만 평소에는 바다와 같이 넓고 열린 마음으로 다른 사람을 이해하고 받아들여 뛰어난 협상가로도 유명하다.

그들은 음주가무와 예술을 사랑하지만 중독되지는 않는다. 또한 인내심이 부족한 면도 있지만 일이든 사람이든 한번 '이거다'라고 마음먹으면 바다가 육지가 될 때까지도 기다린다.

왕이 왕관을 쓰고 왼손에는 왕홀을, 오른손에는 컵을 들고 돌로 된 왕좌에 앉아 있다.

그는 황금색 망토를 입고 황금으로 만든 목걸이를 하고 있다. 목걸이에는 정신세계와 창조의 상징인 물고기 모양의 펜던트가 달려 있다.

왕좌는 바다 한가운데 있지만 바다 속에 잠기지는 않았다. 그리고 Queen of Cups처럼 옷이 바닷물과 닿아 있지도 않다. 이것은 감정이 풍부하다고는 해도 거기에 빠지거나 헤어나지 못하는 것이 아니라 이성적으로 자신을 추스를 수 있음을 나타낸다.

저 멀리 왕좌 뒤로는 거다란 붉은색의 배가, 왼편에는 커다란 돌고래가 보인다. 이 돌고래는 평화와 지성의 영적인 영향을 나타내는 반면 붉은색 배는 열정을 행동으로 옮긴다는 의미를 갖는다.

상징

왕좌 : 권위의 자리, 안정

황금빛 왕관 : 권위의 상징, 태양의 힘
왕홀 : 왕의 권위
바다 : 생명의 힘의 흐름, 깊은 무의식
물고기 : 영적인 영향, 정신세계, 창조
배 : 안전, 보호

정방향
뛰어난 영감
타고난 테라피스트
상담가
뛰어난 직관력
문제의 핵심을 제대로 파악

자애로운
열린 마음
넓고 깊은 이해심
베풀기 좋아하는
관대한 마음
섬세하고 온화한
수용적인

안정된
평정을 유지하는
균형 잡힌 남자
어떤 사람과도 잘 지냄
혼란이 있어도 잘 대응

인물
강인하지만 부드러운 상사

인심 좋은 도움을 줄 수 있는 윗사람
대화를 통해 치유 받을 수 있는 사람

역방향
기복이 심한
감정의 기복이 심한
예민한
변덕이 심한
종잡을 수 없는 성격이나 상황

좋지 않은 인격
이중인격
자기 멋대로인
교활한
배신
바람기
비양심적인
뒤에서 공작을 펼치는
강자에 약하고, 약자에 강한

좋지 않은 상황
불법적인
손해
망신을 당하다
안 좋은 일을 뒤집어쓰다
사기
큰 빚을 지다

★★★★★ King of Swords ★★★★★

공기는 유동적이고 양의 에너지며, 공기의 키워드는 객관적인 사고이다. 즉 King of Swords는 두 개의 양 에너지가 있지만 공기의 객관적이며 이지적인 면 덕분에 날카로운 이성과 냉소적인 카리스마를 지닌다.

그들은 현실과 직접 접하기보다 한 발짝 물러서서 객관적으로 관찰하는 것을 즐기고 감정적인 것과는 거리가 있다. 다른 사람들과의 관계와 원리에 대한 이해와 사회성이 그들의 초점이다.

머리가 매우 비상하고 사고력과 현실의 파악능력이 뛰어나 그들을 얕잡아 보거나 속이려 들면 큰코다치기 십상이다. 모든 일에서 감정적이기보다는 합리적으로 처리하길 원하고 만사에 냉철한 판단력을 자랑한다. 하지만 너무 객관적이고 감정이 메말라서 자칫하면 냉정하다 못해 냉혹하고 잔인하다는 평가를 받을 수도 있다.

파란 하늘에는 구름이 떠 있고 위로 치솟은 돌로 된 왕좌에 왕이 앉아 있다. 왕좌의 등받이에는 나비 모양이 조각되어 있고 왕의 왼쪽 귀 옆으로 날개 달린 두 명의 실프가 마치 그에게 조언이라도 해주는 것처럼 조각되어 있다.

그의 머리엔 황금빛 왕관이 씌워져 있고 오른손엔 엄격함과 권위를 나타내는 양날의 검이 하늘을 향해 들려 있다.

그는 하늘색 옷을 입고 있으며 그 위에 주황색 긴 조끼를 입고 보랏빛 도는 망토

를 걸치고 있다. 이는 그가 성실을 바탕으로 인내와 지성적인 행동을 보이면서도 위엄을 잃지 않는 냉철한 왕이라는 것을 상징한다.

그의 뒤에 보이는 곧은 편백나무들은 바람이 불어도 치우치지 않는 곧은 그의 강인함을 상징한다.

상징

왕좌 : 권위의 자리, 안정

황금빛 왕관 : 권위의 상징, 태양의 힘

나비 : 불멸성, 변형, 부활

실프 : 공기의 정령

나는 새 : 재생, 부활

정방향

균형

공정한

이성과 지성이 균형을 이른

논리적이면서 공평한

강한 카리스마

냉철한 판단

분석적

단호함

의지와 행동으로 압도하는

강한 결단력

말에 굉장한 파워를 지닌

굉장히 엄격한

권력을 가진 판단

때론 냉혹하다고 느껴지는

따뜻함이 없는

독단적인 결정

인물

의학 또는 법 쪽에 권위 있는 사람

전문기관에서 결정권을 갖은 사람

권력을 가진 냉철한 사람

역방향

잔인한

새디즘

잔혹한

야만성

피도 눈물도 없는

악의

보복

깊은 원한

복수심에 불타는

사악한 의도

충돌

폭력적인

다른 이들과 항상 충돌하는

이기적인

의도적으로 상처를 주고 싸움을 거는

극단적인

수단과 방법을 가리지 않고 적을 짓밟으려 하는

파멸적인

King of Pentacles

★ ★ ★ ★ ★ King of Pentacles ★ ★ ★ ★ ★

왕의 성숙함에 꾸준하고 착실한 흙의 성향이 더해져 훨씬 안정감이 있다. 흙의 성향은 안정적이고 꾸준하며 유지하려는 습성이 있다. 이 둘의 조합으로 이러한 인물은 지식과 학문을 나누고 교류하면서도 그것을 꾸준하게 유지할 줄 안다.

하지만 욕심이 과하여 자기 입장만 생각하고 자기 것만 챙기는 욕심쟁이가 될 수도 있다. 또한 꾸준하기는 하지만 안정을 유지하려는 습성이 있어 더 발전할 수 있는 여러 가지 능력을 갖고 있음에도 불구하고 안주하여 더 이상의 발전 없이 현재에 눌러앉아 버리는 경우도 있다.

때로는 육체적인 쾌락과 즐거움에 대한 추구와 지배가 두드러진 생활이 계속되면 무기력이나 권태에 빠질 위험도 있다.

월계관 위에 백합과 장미 모양이 그려진 황금빛 왕관을 쓴 왕이 황소가 조각된 검은 왕좌에 앉아 있다. 오른손에는 왕홀, 왼손에는 펜타클을 잡고 있다.

그가 입은 검은 바탕의 옷과 왕좌 주위에는 풍요의 상징인 포도넝쿨이 풍성하게 있고 갑옷을 입은 왼쪽 발은 황소 머리 모양 위에 놓여 있다. 이 카드의 왕은 메이저 아르카나의 4. The Emperor와 같이 로브 안에 갑옷을 입고 있다.

검은 왕좌와 갑옷 그리고 왕좌 뒤로 보이는 담은 그가 이뤄놓은 것들의 안전에 대한 보호와 방어 그리고 불변을 나타낸다. 왕좌

아래에 조각된 회색 황소는 균형을 이룬 힘과 인내를, 왕좌 위쪽과 발 아래 있는 갈색 황소는 그의 권위와 모든 것이 탄탄하고 안전하다는 것을 상징한다.

상징

백합 : 신의 창조와 왕위의 존엄성, 순수함
장미 : 용기, 열정
월계관 : 승리
왕좌 : 권위의 자리, 안정
황금빛 왕관 : 권위의 상징, 태양의 힘
황소 : 힘, 봉사, 참을성
왕홀 : 왕의 권위
포도넝쿨 : 풍요로움

갑옷 : 보호, 방어적
벽 : 안전, 보호, 경계

정방향
번영
물질적 번영
많은 돈
성공
만족스러운 수입
안정된 시기

능력
비즈니스적인 뛰어난 지략
뛰어난 재무 능력
수학적 능력
현명한 투자
기회 포착
좋은 인맥

성격
끈기
강한 소유욕
기분이나 상황에 흔들림이 없는
많은 재물만큼 넉넉한 성격의 소유자

인물
신뢰할 수 있는 사람
확실한 신념의 소유자
능력 있는 남편
풍족한 스폰서

다른 사람을 서포트할 줄 아는 사람
큰 조직의 리더

역방향
타락
쾌락에 빠질 위험성
도박 중독
부정행위에 연류
성적 부도덕

좋지 않은 성격
돈을 위해서는 물불을 가리지 않음
책임감 없는
편안함에 안주하고 노력하지 않는
고집 세고 완고한
자신의 이익만 추구

인물
늙고 악질인 사람
젊은 여자의 스폰서
속물

★★★★★ 5카드 스프레드 ★★★★★

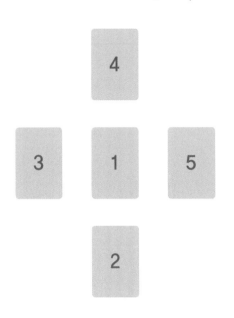

1. 현재 상황

이 카드는 현재 상황이나 질문에 대한 기본적인 요소를 나타낸다. 여기서 말하는 현재 상황이나 기본적인 요소란, 주관적인 어떤 것도 들어가 있지 않은 팩트 그 자체를 말한다.

2. 잠재된 영향력

이 카드는 현재 상황에 있어 숨겨진 중요한 요소들과 진실을 나타낸다. 이 카드를 첫 번째 카드보다 집중해서 보아야 한다. 그 이유는 이 카드에 결과를 바꿀 수 있는 키워드가 숨어 있기 때문이다.

3. 과거

이 카드는 과거의 일과 현재 상황이 일어난 배경을 나타낸다.

4. 드러난 현재의 모습

이 카드는 현재 주변인들에게 보이는 겉모습을 나타낸다. 이것은 실제의 모습과 완전히 다를 수도 있다. 그저 보여진 모습이라고 해도 좋고, 사람들이 생각하는 모습이라고 해도 좋다.

5. 결과

이 카드는 전체 카드의 해석을 종합하여 질문에 대한 결과를 보여준다.

스프레드 예제

질문

사귀다 헤어진 지 3개월째입니다. 그때는 그녀가 저에게 너무 집착한다고 느껴졌고, 부담스러워서 헤어지자고 했는데 지나고 보니 그것이 집착이 아니라 사랑이었던 것 같습니다. 헤어진 게 후회됩니다. 제가 그녀에게 다시 만나자고 하면 그녀가 허락할까요? 지금 그녀의 마음은 어떤지 정말 알고 싶습니다.

리딩

3번 과거 카드 : 6 of Swords(역)

당신과 헤어졌을 당시 그녀는 굉장히 마음의 상처를 받았군요. 자기 자신을 추스를 힘도 없었지만 옆에 기댈 사람도 없이 매우 힘든 시간을 보냈던 것 같습니다.

1번 현재 상태 카드 : 4 of Cups

그녀의 현재 상태는 카드에서 느껴지는 그대로 무기력입니다. 모든 것이 귀찮고, 삶에 의미나 흥미가 없어진 상태라고 볼 수 있죠. 지금은 아무런 의욕이 없는 상태인 것 같습니다.

4번 드러난 현재의 모습 : 2 of Wands

사람들에게 보이는 그녀의 모습은 그래도 잘 지내고 있는 것처럼 보입니다. 중심도 잘 잡고, 자신의 일을 계속해서 잘 해나가는 것처럼 보이겠네요.

2번 잠재된 영향력 : 6 of Cups

하지만 그녀의 마음속 깊은 곳에 숨겨진 진실은 아직도 과거를 그리워하고 있군요. 이 카드는 과거에 빠져 그리워한다는 의미입니다. 그녀는 아직도 당신과의 즐거웠던 과거를 잊지 못하고 있는 것 같습니다.

5번 결과 : 4 of Wands

매우 긍정적이고 좋은 카드입니다. 그녀는 당신을 아주 흔쾌히 받아드릴 것 같습니다. 마치 기다렸다는 듯이 맞이하는 카드입니다. 그녀에게 정말로 사과하고 다시 만나고 싶다면 너무 시간 길게 끌지 마시고 가까운 시일 내에 가시는 것이 좋을 것 같습니다.

★★★★★ 관계 스프레드 ★★★★★

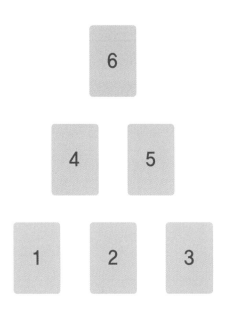

1. 현재 나의 상황 또는 상태
2. 현재 상대방의 상황 또는 상태
3. 현재 두 사람 사이의 관계
4. 이 질문에 대한 근본적인 문제점
5. 문제에 대한 해결 방법
6. 관계의 결과

이 스프레드를 해석할 때 반드시 주의해야 할 부분이 있다.

4번(문제점)과 5번(해결 방법)은 1~3번 카드들과 연결해서 해석해야 하지만 4,5번의 내용은 6번(결과)과는 별개로 해석해야 한다.

만약 결과(6번)가 좋지 않게 나왔다면 그들 관계의 문제(4번)를 해결 방법(5번)으로 해결해야 결과를 바꿀 수 있는 것이고, 결과(6번)가 좋게 나왔다면 그 결과를 더 빨리, 길게 유지하기 위한 방법(5번)으로 인지하면 된다.

스프레드 예제

질문

친한 언니와 동업을 하고 있습니다. 그런데 지금 조금씩 서로 불만이 쌓여가고 있는데 말은 안 하고 있는 상황입니다. 이대로 가면 좋을지, 아니면 여기서 끝내야 하는지, 어떡하는 게 좋을까요?

리딩

1번 질문자 : 9번 '은둔자'

지금 당신은 어떤 행동도 취하지 않고 신중하게 바라보고만 계시는군요. 굉장히 침착하고 조용히 사태를 파악하는 모습이 좋습니다.

2번 상대방 : 7 of Cups

그런데 그 언니란 분은 지금 조금은 허황되고 현실적이지 못한 생각과 행동을 하고 계신 듯합니다. 어떤 생각으로 동업을 시작하셨는지는 모르겠지만 지금 그녀는 절대 현실을 똑바로 보고 있지 못하고 있습니다.

3번 현재 두 사람 사이의 관계 : 7. The Chariot역

지금 두 사람은 전혀 다른 방향을 보고 계시는군요. 어떤 일을 함께 하려면 두 사람이 같은 방향을 바라보고 그 방향으로 함께 나아가야 하는데, 지금은 두 사람이 각기 생각이 다른 곳을 향해 있어 함께 하시는 일에 전혀 진전이 없습니다.

4번 문제점 : 2 of Swords

두 사람의 문제점은 서로가 서로의 문제점을 알고도 가만히 있는 것입니다. 문제점이 있다는 것을 알고 있으면서도 서로가 똑같이 그것을 직시하고 바꾸려 하지 않고 그저 지켜보고만 있는 것이죠. 분명 언니도 문제가 있다는 것을 알고 있을 것입니다.

5번 해결 방법 : 2 of Cups

이 카드는 두 사람의 마음을 하나로 합하는 카드입니다. 서로가 서로를 받아들이는 마음으로 오픈하고 서로를 수용하는 카드지요. 지금 두 분께는 이런 행동이 필요합니다.

6번 결과 : 8 of Swords

만약 아무런 조치를 취하지 않고 지금과 같이 두 분 모두 가만히 계신다면, 두 분의 동업은 사면초가의 상태가 될 수 있습니다. 그렇게 되면 지금보다 해결하기 더욱 더 어려워질 것이고, 두 분의 사이도 더욱 멀어질 수 있습니다.

그러니 이런 결과가 나오기 전에 두 분이 마음을 열고 서로의 마음을 받아들이고 이해하는 자리를 꼭 만들어 문제점을 해결하시기 바랍니다.

타로 카드의
용어

TAROT

★★★★ 타로카드 용어 ★★★★

공백카드 ^{Blank Card}

카드의 종류에 따라 함께 들어 있기도 하는데, 뒷면은 다른 카드들과 같지만 앞면에는 아무 그림이나 글씨 없이 하얗게 비어 있는 카드. 리딩할 때 이 카드가 나오면 더 이상 리딩하는 것을 하지 말아야 한다고 한다. 요즘에는 거의 사용하지 않는다.

덱 ^{Deck}

카드 한 벌, 한 세트(78장)

덱 프로텍터 ^{Deck Protector}

얇고 투명한 셀로판지와 같은 것으로, 타로를 한 장씩 끼워 넣을 수 있도록 된 것. 카드가 더러워지거나 상처가 나는 것을 방지하기 위해 사용한다. 하지만 카드를 섞을 때 정전기가 나고, 카드가 거의 두 배 정도로 두꺼워져 사용하기 불편하다는 의견도 있다.

리딩 ^{Reading}

타로카드를 읽고 해석하는 것.

마이너 아르카나 ^{Minor Arcana}

4가지 종류의 수트와 4가지 인물을 나타내는 코트 카드로 이루어진 56장의 카드. 매일의 사사로운 사건들을 나타내며, 메이저 아르카나의 보조적인 역할을 한다. 에이스^{Ace}부터 10번까지 번호가 매겨진 40장의 핍카드^{Pip Card}와 인물을 나타내는 16장의 코트 카드^{Court Card}로 이루어져 있다.

메이저 아르카나 ^{Major Arcana}

0번부터 21번까지 로마 숫자가 적힌 각기 다른 이름의 22장의 카드. 인생의 중요한 사건들을 나타내며 더 나아가서는 우리가 추구하는 영적인 목표와 단계 또는 전환점을 제시하기도 한다.

생명나무 ^{Sephiroth}

카발라를 공부하는 도구. 창조의 본질과 우주와 연결된 인간 영혼이 신에게로 돌아가는 길의 여정을 그림으로 나타낸 것.

셔플 ^{Shuffle}

카드를 섞는 것.

수트 ^{Suit}

완드^{Wand}, 컵^{Cup}, 소드^{Sword}와 펜타클^{Pentacle}로 이루어져 있고, 마이너 아르카나를 구성한다. 현대 트럼프의 클럽^{Club}, 하트^{Heart}, 스페이드^{Spade}와 다이아몬드^{Diamond}가 되었다.

스프레드 ^{Spread}

리딩하기 위해 카드를 일정한 형식으로 놓는 것을 말하며, 레이아웃 또는 배열법이라고 하기도 한다. 각각의 카드 위치마다 정해진 뜻이 있다.

스프레드 천

스프레드를 펼칠 때 카드에 이물질이 묻지 않고, 카드가 잘 섞일 수 있게 하기 위해 테이블 위에 까는 천을 말한다. 스프레드 천을 구입할 때는 카드를 섞을 때 카드와 함께 밀리지 않는 천을 고르는 것이 좋다. 일반 천보다는 가죽이나 일반 천에 밀리지 않는 천이 덧대어진 것을 추천한다.

아르카나 Arcana

'비밀', '신비'라는 의미의 라틴어 'Arcanum'의 복수형. '숨겨진 지식'과 '미스터리'라는 뜻으로 메이저 아르카나와 마이너 아르카나로 나뉜다.

역방향

타로카드를 읽는 사람 기준에서 타로카드의 그림의 위아래가 거꾸로 되어 있는 것을 말한다.

예시자 카드 Significator

리딩하기 전에 코트 카드 또는 전체 카드 중에서 먼저 뽑는 카드로, 질문자 자신이나 질문 자체를 나타낸다. 대부분 코트 카드 중에서 뽑으며 질문자 자신을 나타내는 경우가 많다. 요즘에는 거의 쓰지 않는다.

오라클 Oracle 덱 또는 오라클 카드

오라클은 사전적 의미로는 '신탁'이란 의미가 있다. 오라클 카드는 타로카드를 제외한 미래를 예측하는 용도로 쓰이는 모든 종류의 카드를 의미한다. 오라클 카드에는 정해진 장수가 없고, 수트가 없어도 상관없다. 그러므로 이런 오라클 카드를 타로카드라 명명하는 것은 옳지 않다.

오컬트 Occult

오컬트는 과학적으로 설명할 수 없는 신비하고 초자연적인 것들, 고대로부터 비밀스럽게 전수되어 오는 지식과 행위 등을 다루는 것들의 총칭이다.

정방향

타로카드를 읽는 사람 기준에서 타로카드의 그림이 똑바로 되어 있는 것을 말한다.

커팅 Cutting

카드를 섞을 때 일정한 묶음으로 카드를 나누는 것.

켈틱 크로스 스프레드 Celtic Cross Spread

카드 10장으로 보는 가장 오래되고 유명한 스프레드 중 하나. 아서 에드워드 웨이트가 그의 책 〈타로의 상징 열쇠The Pictorial Key to the Tarot〉에 실으면서 유명해졌다고 한다.

코트 카드 Court Card

우리말로 '궁정 카드'라고도 한다. 킹King, 퀸Queen, 나이트Knight와 페이지Page 혹은 프린스Prince와 프린세스Princess로 이루어진 인물

카드. 각 수트마다 4개의 코트카드가 있어 총 16장이다. 각각 뚜렷한 성격을 묘사하고 있으며, 이것이 현대 트럼프의 킹^{King}, 퀸^{Queen} 그리고 잭^{Jack}이 되었다고 한다.

타로카드

타로카드는 일정한 규칙이 있다. 메이저 아르카나 22장과 마이너 아르카나 56장으로 되어 있어야 하고, 마이너 아르카나에는 에이스부터 10번까지 4개의 각기 다른 4개의 수트의 번호 카드^{Pip card} 40장과 인물을 나타내는 4장의 코트 카드^{Court card}가 4개의 수트마다 있어 16장, 이렇게 구성되어 있어야 한다. 이런 규칙을 벗어난 미래 예측용 카드를 오라클 덱 또는 오라클 카드라 한다.

핍 카드 ^{Pip Card}

에이스^{Ace}부터 10까지의 숫자가 쓰인 카드(마이너 아르카나)를 말한다. 수비학과 연관되어 각 숫자마다 각기 다른 깊은 의미가 담겨 있다.